これで、ICT活用・プログラミング×かける『学び合い』は成功する!

水落芳明・齋藤　博 編著

G学事出版

はじめに

　新型コロナウィルス感染症のパンデミックによって、世界は大きな影響を受け、日本の学校現場もこれまで当たり前に行ってきた授業をできない状況に追い込まれました。学校は閉まっても子どもたちの学びを止めないために、ICT「Information and Communication Technology（情報通信技術）」に期待が集まり、多くの学校でテレビ会議システム等の活用が広がりました。画面を通して友達や先生の顔が見え、声が聞こえた時の子どもたちの安心した表情と姿は、みんなと一緒に学べることがいかに幸せで大切なことかを物語っているかのようでした。

　この状況を受け、小中学校の子どもたちに1人1台のPCを配備する「GIGAスクール構想」は前倒しされ、ICT活用は一挙に学校教育の中心的なテーマとなっています。ICT活用について真剣に考える時が来たのです。

　では、ICTを活用した学習の特長は何でしょうか？　教育テレビや動画コンテンツを視聴するのとどこが違うでしょうか？

　その答えは「脱一律」と「双方向性」です。

　時間軸や地理的な条件を飛び越え、それぞれの子どもたちが自分の裁量で主体的に学び、こちらからもあちらからもインタラクティブなやりとりをしながら学び合えることなのです。今は世界中に教育用テレビ番組や学習用動画が溢れています。その中にはプロが予算をかけ、わかりやすくまとめられたものもあります。しかし、それを視聴し理解するだけで学習は完成しません。本当の学びはその先にあるのです。

　Society3.0（工業社会）までは、それで良かったかもしれません。一定性能をもった製品を大量生産するように、みんなと同じことをできる子どもたちを一斉に生み出せば良い時代は終わったのです。これからの時代に対応できる学習デザインが必要です。

では、そうした学習はどのようにデザインすれば良いでしょうか？その背景にはどのような理論があるのでしょうか？　単に先生が「教えるための道具」としてICTを活用するのでなく、子どもたちが目標に向かって学び合うICT活用、遠隔教育でもAI（人工知能）の力を借りて学び合える授業、プログラミングを教え込むのでなく、試行錯誤を楽しみながら学び合うプログラミング学習等を紹介します。

　本書は「成功する『学び合い』シリーズ」の9冊目。本シリーズらしく、そうした学習の背景にある理論を紹介し、学術論文として学会で認められた実践研究の成果を紹介するなど、エビデンスに基づいた学習デザインを提案するよう心がけました。そこには、教育学だけでなく工学や理学、データサイエンスの専門家や電気通信事業に関わる企業を交えた協働の成果や、彼らとの座談会を収録し、異なる分野の専門家がどのように協働するのか、成功のポイントは何かを紹介しています。

　また本書は、プログラミング学習の本格実施に向けて、学校現場で使いやすい教材を作ろうと会社を立ち上げた齋藤博さんとの協働によって生まれたことも大きな特長です。多くの特許を獲得した企業人としての経験や、小学校教諭として情報教育のリーダーを務めた経験をもつ彼ならではの発想でプログラミング教材が生み出され、それを活用した学習デザインが満載です。

　大きく変わろうとしている学校教育の中で、本書が皆さまのお役に立ち、子どもたちや先生方の笑顔や幸せに貢献できることを願っています。この企画を実現するために、本シリーズをずっと応援してくださっている学事出版の加藤愛さん、またこのシリーズを一緒に作っている阿部隆幸先生をはじめ、優れた実践を紹介くださった先生方に感謝します。

令和2年4月　水落芳明

これで、ICT活用・プログラミング
×『学び合い』は成功する！
《 も く じ 》

第2章　プログラミング教育とは何か、なぜ今、プログラミング教育なのか?

第3章　プログラミング×『学び合い』授業の実際

序　章

Society5.0に向けた
学習デザイン改革

水落芳明

1. 学習指導要領改訂と Society5.0

　文部科学省が平成31年3月1日を調査基準日としてまとめた「平成30年度学校における教育の情報化の実態等に関する調査結果（概要）」*1（右 QR コード p.21 参照）によれば、教員の ICT 活用指導力の状況について、4つの大項目で報告されています。

　「大項目 A：教材研究・指導の準備・評価・校務などに ICT を活用する能力」の平均は86.2％、「大項目 D：情報活用の基盤となる知識や態度について指導する能力」の平均が80.5％であるのに対して、「大項目 B：授業に ICT を活用して指導する能力」の平均は69.7％、「大項目 C：児童生徒の ICT 活用を指導する能力」の平均は、70.2％となっています。

　これは、何かを自分ができるようになることよりも、それを他人ができるように育てることのほうが難しい、ということを表しています。当たり前のことですが、小学校の学習内容を自分が理解することと、小学校の学習内容を子どもたちが理解できるように授業することとは、別次元のものであり、**教員の仕事には免許を持ったプロとしての厳しさがあるのです。**

　今回の学習指導要領改訂は、そこに切り込んだと言えます。つまり「何を学ぶか」「どのように学ぶか」だけではなく「何ができるようになるか」も大切にしている、ということです。これは、教員にとっては厳しいことです。なぜなら「やったことにできない」からです。「何を学ぶか」「どのように学ぶか」については、学習指導要領に基づいて授業形態等を工夫すれば「やったことにする」ことができたかもしれません。アクティブ・ラーニングという言葉が出た時に「授業時間中に話し合い活

＊1　「平成30年度学校における教育の情報化の実態等に関する調査結果（概要）（平成31年3月現在）〔確定値〕（令和元年12月、文部科学省）https://www.mext.go.jp/content/20191224-mxt_jogai01-100013287_048.pdf（2020年3月25日閲覧）

動を 5 分入れればいいんだよね？」という人は少なからずいました。「世界一忙しい」と言われる日本の先生方にとって、これは無理もないことです。よくわからない仕事に対しては、真剣に結果を出すことよりも「やったことにする」意識のほうが強くなり、嵐が通り過ぎるのを待つような心持ちになってしまったのかもしれません。

　しかし、「何ができるようになるか」については、先生が汗をかいただけで済む話ではありません。子どもたちがその授業によって、どう成長したのかをダイレクトに評価しなくてはならないのです。なぜ、このような方向に舵を切ったのでしょうか？　そこに関係しているのが Society5.0です。

　まずは Society5.0という言葉から確認しましょう。

　Society5.0とは、超スマート社会とも言われ、サイバー空間（仮想空間）とフィジカル空間（現実空間）を高度に融合させたシステムにより、経済発展と社会的課題の解決を両立する、人間中心の社会（Society）のことです。狩猟社会（Society 1.0）、農耕社会（Society 2.0）、工業社会（Society 3.0）、情報社会（Society 4.0）に続く、新たな社会を指すもので、第 5 期科学技術基本計画において我が国が目指すべき未来社会の姿として初めて提唱されました[2]。

　Society 1.0（狩猟社会）が縄文時代以前、Society2.0（農耕社会）が弥生時代から、Society3.0（工業社会）が江戸時代からとすると、時間の流れがどんどんと速くなっていることがわかります。Society4.0（情報社会）にいたってはまだ迎えたばかり、いやまだ Society3.0（工業社会）の仕組みの中で生きていることも多いのが現実です。

　「GAFA」という言葉をご存知でしょうか？　成長著しい IT 企業のことで、具体的には G（グーグル）、A（アマゾン）、F（フェイスブック）、A（アップル）を指します。ここで驚いてしまうのは、私たちがよく目

＊2　内閣府 HP「Society5.0」https://www8.cao.go.jp/cstp/society5_0/index.html（2020年 3 月25日閲覧）

にする PC メーカー等の IT 企業がこの中に入っていないことです。それくらい、時代の流れは速いのです。そしてその流れは日本にだけ起こっているのではなく、世界中で起きている話であり、今の子どもたちが大人になる時には、ますます世界は小さくなるのです。

　そうした中で、**世界を相手に競争力をもった人材を育てていくことが必要だ、という考えが教育の改革を求めているのです。これまでのように「やったことにする」わけにはいかず、「何ができるようになるか」をしっかりと考え、授業をデザインしていくことが必要です。**

２．ICT を活用した授業デザイン

　ICT を活用した授業デザインは、次の３つのスタイルに分けることができます。

　１つ目は「教師活用型」。

　一斉指導等で、先生が子どもたちに資料等を提示する活用スタイルです。講演会等、このスタイルは今も多くの場面で見られますが、学習者の裁量で学びを展開することは難しいでしょう。なぜなら、先生と子どもたちは、向かい合う構図であり、「教える－教えられる」「伝える－伝えられる」という関係になる場合が多いからです。ICT の操作は基本的に先生が行うことが多く、子どもたちに裁量はあまりないため、主体的・対話的に学ぶのは難しいでしょう。したがって、ICT と『学び合い』の融合について扱う本書としては、これ以上の解説は控えたいと思います。

教師活用型授業イメージ

　2つ目は「子どもたち活用型」。

　子どもたちが情報収集したり、レポートや作品を作ったりする活用スタイルです。これは20世紀の終わりから21世紀初めにかけて全国の学校に生まれたコンピュータ室での授業を思い浮かべていただければわかりやすいでしょう。

子どもたち活用型授業イメージ

　子どもたちは ICT 機器と向かい合い、先生はそれを支援する構図になります。ICT の操作は子どもたちが行い、先生の指示通りに操作するだけでなく、ある程度子どもたちの裁量で学習できます。

　このスタイルは、今後テクノロジーの発展とともに広がりを見せる可能性があります。例えば、すでに行われている民間サービスをご存知の方も多いでしょう。授業料を払うと、ID やパスワードを支給され、自宅の PC からその学習サイトにログインして学習するものです。その中には、「教師活用型」の授業 VTR や練習問題等が整備されていて、それぞれのレベルや進度に沿って学んでいく、というものです。

　用意されたどの問題を正解し、どの問題を間違えたのか等を AI が判断して、それぞれの学習者にフィットした授業や解説、問題を用意してくれるのです。これは、郵便等を使って離れたところにいる教え手と学び手をつないだ通信添削の延長上にあるシステムと考えることができます。答えの決まっている学習等、知識を身につけたい学習では、こうしたサービスの有効性を発揮できると言えるでしょう。

　また、こうしたサービスでは、カリスマ講師の授業を自宅にいながら受講できる、という魅力があります。学校でいじめに遭う心配もなければインフルエンザ等で学級閉鎖になる心配もありません。むしろ、自分のペースで何度でも繰り返し学習することができますので、「個別最適

化」が謳われる今、ますます広がりを見せる可能性があります。

　本書の後半で扱うプログラミング学習等も、こうしたスタイルで広がる可能性があります。プログラミングは、学校の先生が学生時代に学んだことのない内容ですから、専門家に任せられるなら任せたいという意識と、そこにビジネスチャンスを感じる民間サービスが結びつく可能性はあるでしょう。また、先生の数を減らすことも可能になるため、景気や社会情勢等によって、こうしたスタイルの広がりには影響を受けることも考えられます。

　しかし、そこで気になるのが「主体的・対話的で深い学び」というキーワードです。拙著『これで、国語科の『学び合い』は成功する！』等で書いたように、子どもたちが主体的に学ぶためには、子どもたちに裁量が認められていることが必要です。また、このスタイルでは、対話を通して「意味が変わる」ような学びの深まりを感じる世界は限定的でしょう。もちろん、こういったスタイルの価値をすべて否定するものではありませんし、上手く活用し、使い分けていくバランスが大切なことは言うまでもありません。

　Society5.0に向けて、人間がこれまでに経験したことのないスピードで非連続的に世の中が変わっていきます。**ICT や AI に使われるのでなく、使いこなしていく人間を育てていくことが必要なのです。**そう考えると、今回の学習指導要領で打ち出された「主体的・対話的で深い学び」を実現していくことが、学校やそこで働く先生方の役割であり、学校や先生方の環境を守ることにもつながっていることがわかります。逆に言えば、「主体的・対話的で深い学び」を実現せず、ICT や AI で代替可能な授業を続けていったとしたら、学校の役割は今とは別のものになるか、なくなっていく危険性さえあるでしょう。

　そこで、私たちが本書で紹介したいのが、３つ目の**「学び合い型(CSCL)」**。ICT をツールとして子どもたちが学び合うスタイルです。

　ICT の操作は子どもたちが行い、それぞれのタブレット等はネットワ

ークで結ばれているため、遠隔地
の子ども同士で学び合うこともで
きます。

　このスタイルは CSCL（Com-
puter Supported Collaborative
Learning：コンピュータに支援さ
れた協調学習）と呼ばれ、子ども
たちの裁量で学習を展開するた

CSCL 授業イメージ

め、先生は学習のデザイナーや評
価者としての役割が大きくなります。これについては次で、私が小学校
の先生をしていた時に行った実践研究を紹介します。

3. CSCL における先生の役割

　私が小学校の先生をしていた時に、6年生の理科で子どもたちが実験
記録を「スタディノート」[*3]（シャープマーケティングジャパン株式会
社）を使って作成しました。その際、「教科書よりもわかりやすい参考書
をつくろう！」という目標で、翌年以降に私の理科授業を受ける後輩の
ために、単に実験記録を作成するだけでなく、教科書には載っていない
実験のポイントや、学校の理科室の実験器具が複数ある場合、使いやす
いものはどちらなのか等、子どもたちの考える「教科書よりもわかりや
すい参考書」を作ったのです。そのデータはデータベースに保存し、理
科室の児童用机に設置した PC から校内 LAN を経由してそこにアクセ
スできるようにしました。それから2年後、「ミレニアムプロジェクト
（教育の情報化）[*4]」によって、学校に配備された PC を理科室に集めて

＊3　https://www.study.gr.jp/index.html

使った授業を行いました。

　その授業では、子どもたちは各班に1台のPCで、2年前の6年生が作成した「教科書よりもわかりやすい参考書」と実際の教科書を見比べながら、学習を進めました。私の授業ですからもちろん『学び合い』が基本です。詳細については、拙著『これで、理科の『学び合い』は成功する！』をご参照ください。

　その授業で、いくつかの単元を終えた後に、子どもたちに次の質問紙調査を行いました。

〈教科書・教師・友達・先輩の作った参考書〉の中で、学習に役立つと思う順序を教えてください。

　その結果は、次の表の通りです。

表1　学習に役に立つと思う順序調査結果（全39人）

	1番役立つ	2番目	3番目	4番目
教科書	8人	13人	7人	10人
教　師	0人	8人	17人	13人
友　達	16人	9人	7人	6人
先輩の作った参考書	15人	11人	3人	9人

　表1で「1番役立つ」に最もたくさんの子が答えたのは「友達」で16人、続いて「先輩の作った参考書」の15人、なんと教師（私）と答えた子は1人もいませんでした。この結果には、正直言って複雑な気持ちでした。友達と学び合いながら学んでいる様子にはとても満足していましたし、2年前に作られた参考書が、教科書以上に閲覧され、役立っている実感ももっていました。しかし、それでは「教師（私）は役に立たないのか？」「私はこの子たちにとって不要な存在なのか？」という疑問が

*4　首相官邸 HP「ミレニアムプロジェクト（新しい千世紀プロジェクト）について」
　https://www.kantei.go.jp/jp/mille/index.html（2020年3月25日閲覧）

湧いてきました。不安や心配といったほうが的確だったかもしれません。そこで、後日、この調査結果を子どもたちに伝えた上で、次の質問紙調査を行いました。

〈教科書・教師・友達・先輩の作った参考書〉の中で、それがなくても学習できるか？

結果は表2の通りでした。

表2　それがなくても学習できるか調査結果（全39人）

	なくても学習できる	ないと学習できない
教科書	38人	1人
教　師	1人	38人
友　達	0人	39人
先輩の作った参考書	38人	1人

　この結果は大変興味深いものでした。まず、「友達」がいないと学習できないと全員が答えたことです。成績上位の子から下位の子まで全員です。「教科書」がなくても39人中38人が学習できるとしているのに、「友達」がいなければ誰も学習できないのです。これは、**学習とは「新しい知識を知ったり覚えたりすること」ではなく、「意味が変わること」すなわち「自分とは異なる見方、考え方に出合い、わかり合えること」**だと子どもたちが考えていることを表しています。これから先、ますますテクノロジーが発展することによって、頭の中にたくさんの知識を暗記していることの価値は低くなっていきます。どんどん小型化するスマホ等の端末と高速化するネットワークによって、外部記憶装置を無限に活用しやすくなるからです。どんな物知りも「グーグル先生」にはかなわないということです。

　もう1つ興味深いのは、教師の役割についてです。「教師（私）」に対して、表1では、学習するのに「1番役立つ」と答えた子が1人もいな

かったのに、「いないと学習できない」と答えた子が38人いたことです。その子たちの自由記述欄には次のようにありました。

　「勉強は、先生が教えてくれなくてもなんとかなるけど、何をやるのか、どこまでやるのかについては、先生がいないと困る。それにがんばったら見ていてもらえるし。」

　私はこれこそがSociety5.0における教師の役割であり、それを学び合う子どもたちによって教えてもらったと思いました。つまり、これからの時代、学び合う教室において、**教師には学習のデザイナーとしての役割や、子どもたちの努力や工夫をしっかりと見ていて価値づける評価者としての役割が求められる**のです。そして、この役割はICTやAIへの代替可能性の低い分野と言えるでしょう。

　私はこれまでに、プロフェッショナルとしての教師の役割について調査したことがあります。ICTやAIが替わることの難しい教師の役割にはどんなものがあるか、について全国の研修会で出会った先生方、教育センター等の指導主事、教師を目指す学部学生、教職大学院生、博士課程の院生、海外の日本人学校に勤める先生方に尋ねたのです。結果は次の7つ。どんな方に聞いても答えは同じでした。

> ・子どもたちの話を聞く（カウンセリング）
> ・子どもたちを見とり、心情を読み取る
> ・褒める、叱る
> ・価値づける
> ・良い加減に調整する
> ・子どもたち同士が関わる環境を設定する
> ・目標を設定し、評価する

　上記の7項目は、人間として絶妙に調整しなくてはならない内容ばかりなことがおわかりいただけると思います。子どもたちがこういう表情をしたらこう対応するといった内容は、マニュアル化したり、一定のプログ

ラムで制御したりすることが難しいプロフェッショナルの世界なのです。

 ## 4．プロは何を手がかりに行動するのか？

　バーのカウンターに座り、バーテンダーがカクテルを作る姿を見ているとうっとりします。プロの仕事というのは実に無駄がなく流れるようで美しいものです。そのカクテルを作る過程を分析した研究があります。「状況論」という学習理論に関する研究で、『学び合い』を理論的に考える上でとても大切にしています。先生の仕事を AI や ICT で代替できるかを考える上で参考になりますので紹介しましょう。

　Beach（1993）[5]は、ベテランのバーテンダーと初心者のバーテンダーの行動を観察しました。すると、初心者はお酒の名前やマニュアルを頻繁に参照しながらカクテルを作っていくのに対し、ベテランはマニュアルをほとんど参照しない、ということがわかりました。ベテランはマニュアルを見る代わりに、注文に合わせて必要なグラスを並べ、その形状やグラスに注いだ色などを手がかりにカクテルを作っていたのです。

　それを確かめるために、グラスの形状やお酒の色が見分けられない条件でカクテルを作ってもらう実験をしました。そうしたらなんと、初心者にはあまり変化がなかったのに対して、ベテランは上手く作ることができなくなってしまったのです。これは、初心者がマニュアルを頼りに行動するのに対し、ベテランはマニュアルではなく、周りの環境を活かし、頭の中にある記憶や経験を絶妙に融合して活用しながらカクテルを作っているということがわかったのです。このようなベテランの動きを「状況的行為」と言い、プロフェッショナルの世界は、この状況的行為によって成り立っているのです。

＊5　Beach, K.（1993）. Becoming a Bartender: TheRole of External Memory Cues in a Work-Directed Educational Activity. Applied Cog-nitive Psychology, 7（3）, 191-204.

これと似たことが学校の先生の世界にもあります。例えば、子どもたちや保護者、同僚の信頼を集めていた先生が、転勤した先の学校で学級崩壊を経験する。もしくは、子どもたちも先生も『学び合い』に慣れ、成果の上がっていたクラスで、以前のようなパフォーマンスを発揮できなくなることがあります。そういうことが起きるのは、上記のバーテンダーの行動分析と同じように説明できます。

　信頼を集めている先生は、周りの信頼を集める過程では１つのマニュアルにまとめられないくらい多種多様な努力や工夫をしているはずです。集めた信頼はその賜です。ですから、いったん信頼を集めてしまえば、それまで丁寧に１つ１つ説明していたことを行わなくても通じるようになります。そしてカクテルとは異なり、先生方が相手にしているのは人間の子どもたちです。つまり、子どもたちの側から考えると、上手くいった時には絶妙な関係が構築されていた、ということになるのです。

　この時、子どもたちにしてみれば、その先生の言動は「これまでにそれだけの努力や工夫を集め、信頼を集めた先生」の言動という「利息」がついて受信されることになります。上手くいっているクラスでは先生の目配せ１つで子どもたちが動くように、先生がすべてを説明しなくても、子どもたちのほうが察して行動できるようになるのです。

　しかし、転勤先の学校ではそういった「利息」のような環境が存在しません。１から信頼を獲得していく努力をしなくてはならなくなるのです。もちろん、言動の端々に前任校で信頼を獲得した時の片鱗をうかがわせることもあるでしょう。しかし、子どもたちも入れ替わっているため、子どもたち側から察してくれる機能を期待することができません。以前と同じようにはいかず、「あれっ？　こんなはずじゃなかった」という感覚のズレからボタンの掛け違いが起こり、やがて学級崩壊に……、となってしまうことがあるのです。

　プロフェッショナルの世界、それも人間と人間が関わるプロフェッショナルの世界は、先生と子どもたち双方が織りなす状況的行為によって

成り立つもので、簡単にマニュアル化できるものではないのです。

5 . ICT 活用で『学び合い』はタテに広がる

　Society5.0に向け「公正に個別最適化された学び」の実現が叫ばれています。そのためには、同じ年齢の子どもたちが同じ学習内容を同じ場所で同じ時間に学ぶ、というSociety3.0（工業社会）の考え方から脱却することが必要です。

　これまで『学び合い』に関する学術論文では、異年齢の子どもたちが学ぶ効果を実証的に検証したものが多数あります。私が大学院修士課程の時に行った研究にも、小学校 5 年生、 6 年生が同じ教室で別々のことを学習したものがあります。 5 年生は社会科で自動車工業をまとめた壁新聞を作り、隣の机で 6 年生が歴史で明治維新についてレポートをまとめました。 5 年生は図書館の資料をコピーしてはさみで切り取り、色鉛筆等で色をつけ、糊で模造紙に貼り付けて壁新聞を作っていましたが、ある時、その横で 6 年生が図書館の資料をスキャナで取り込む様子を目にしたのです。

　早速、 5 年生は 6 年生に「それの使い方を教えてください。」と頼み、教えてもらいます。 6 年生は「待ってました！」とばかりに快く引き受け、 9 分かけてスキャナの使い方を 1 から教えてあげました。教えてもらった 5 年生が「できた！」と言うと、その様子を少し離れたところから見ていた 5 年生がすぐにやってきて、「ねえ、それ教えて！」と声をかけます。 5 年

それの使い方を教えてください

生は喜んで、今教えてもらったばかりのスキャナ操作を同じ5年生に伝えました。その様子をVTRやICレコーダーで記録、分析して驚いたのは、6年生から9分かけて教えてもらった内容を、同じ5年生に伝えるのにかかった時間は4分だったのです。そして、その次の5年生に伝えた時には、2分でできるようになってしまいました。なぜ、このようなことが起きたのでしょうか？

　初めに6年生が5年生にスキャナ操作を教えた時は、「これ、スキャナって道具なんだよ。このUSBケーブルをここに差して……」と本当に1から教えることが必要です。5年生はそれまでスキャナの存在を知らないですし、初めて出会った道具なのですから。しかし、次の5年生に伝える時には違います。その様子を見ていて、棚からスキャナを持ってきて、USBケーブルを差した状態で待っていたのです。次の子はさらにアプリケーションを立ち上げるところまでできた状態で待っていたのです。気が付くと、教師（私）がスキャナの使い方を1度も教えていないのに、クラスの全員が必要に応じて使えるようになってしまいました。

　「門前の小僧習わぬ経を読む」と言います。それと同じことが、異学年の子どもが同じ教室にいることで起きた、ということです。5年生にとって、それまで教室の棚に置いてあっても見向きもしなかった道具が、自分たちにとって有用な道具として意味が変わり、必要に応じて使いこなせる道具になったのです。この研究は、日本教育工学会の論文誌に掲載されています[6]。

　なお、この実践では5年生と6年生、両方の自尊感情が向上したことも確かめることができました。インタビュー調査では「俺たちって、けっこうやれるんだってわかった。」とスキャナを教えてくれた6年生が言っていましたし、6年生にお願いしてあっという間にスキャナ操作を

＊6　水落芳明・西川純「他の学習者の学習状況を見えやすくすることによるコンピュータリテラシーの間接的伝播と効果—相互作用を軸とした異学年学習の実践から—」『教育工学雑誌』27（Suppl.），日本教育工学会，2004.03, pp.177-180.

周りに伝えた5年生も同様のことを言っていました。

　この研究は、ICT の操作方法を先生が教えるよりも効率的に子ども同士で学び合えること、それも学年の異なる子どもたち同士で『学び合い』がタテに広がる可能性を示しています。また、それによって知らないことを知っている人に教えてもらえるように頼むことや、それが次の人の幸せにつながることも実証的に確かめることができました。そのきっかけになったのは、別々のことを学ぶ異学年の子どもが隣同士になるように座り、同じ教室で学習した、ということです。**コンピテンシーベースの教育が求められるようになった今、異年齢の子どもたち同士の『学び合い』の可能性を考える時が来ている**と言えるでしょう。

 ## 6. ICT 活用で『学び合い』はヨコに広がる

　かつて、「三種の神器」と呼ばれた電化製品（白黒テレビ、洗濯機、冷蔵庫）等、様々なテクノロジーが、家庭に普及することによって生活は楽になり、便利になりました。私は、ICT や AI と『学び合い』が出合うことで、それまで子どもたちや教室にあったバリアを超えられるようになると考えています。

　例えば、私の研究室に所属していた現職院生の橋爪智哲先生（新潟県小学校教員）の小学校で6年生を対象とした音楽の実践研究があります。彼は金管部を担当し、全国大会にも出場経験のある実力派ですが、和音聴取の学習で多くの子がすぐに諦めてしまうという悩みをもっていました。和音を聴き取るためには、子どもたちが自分自身で鍵盤ハーモニカでその和音を弾かなければならず、鍵盤のどこにドの音があるのか自信のない子は、正確に和音を弾くことができず、聴き取る学習を始められなかったのです。

　そこで、彼は小学校6年生の音楽の学習で1人1台の iPad mini を使

い、子どもたちの代わりにiPadに和音を弾いてもらうことを考えました。「静かに眠れ」（ハ長調）、「星の世界」（ヘ長調）の伴奏になる和音を子どもたちが考えてiPadに入力し、その和音を鳴らすことで正しい和音を見つける学習です。すると、全5時間の授業時間のうち、4時間で各15分間、それぞれの考えた和音を聞き合う交流時間を設定したところ、お互いの考えた和音を聞きながら『学び合い』が展開しました。

　「あれっ？　わかんない。」「やっぱりわかんない。」と言っていた子どもたちがそのうちに「ここちょっと変じゃない？」「Ⅰの和音にすると高すぎて変！」「気持ち悪い。」「もう1回聞かせて！」と15分×4時間の合計で310回聴き直したそうです。とても1人の教師が演奏できる回数ではありません。その結果、「やっぱりⅠの和音がいいね！」と正解にたどり着き、クラス全体で正解できる子が有意に増えたことが検証されました。また、この実践で、演奏技能が低い子も含めて子どもたちの自尊感情が高まったことが検証されました。なお、この研究は、日本科学教育学会の論文誌に論文として掲載されています*7。

　私はこの研究が大好きです。直接その学習とは関係のないことが障壁となって学習できないことはあるもので、その障壁をテクノロジーがカバーして、どの子も学習できるようにする。テクノロジーや研究成果をこのように役立てたいといつも思っています。

　この他にも、視力の弱い子のために、タブレット上で画面を拡大して

＊7　橋爪智哲・水落芳明「和音学習における自由な話し合いに基づく繰り返し聴取活動の効果—タブレット型端末を用いた和音構成を通して—」『科学教育研究』Vol.40(3),日本科学教育学会, 2016.9, pp.292-301.

見えるようにしたり、テキストをタブレットが音読したり、言葉の通じない外国語を翻訳したり、様々にテクノロジーがバリアを乗り越える手伝いをしてくれる可能性があります。そして、単純にテクノロジーだけで埋まらない部分を、子どもたちが『学び合い』によって乗り越え、目標を達成していくことができるのではないか、と期待しています。このように、これまで一緒に学ぶことのできなかった子どもたち同士や、様々なバリアによって隔てられていた世界に学びが広がることを、私はヨコの広がりと考えています。

 ## 7. AI に使われるか？　AI を使いこなすのか？

　ICT を活用することによって『学び合い』はタテにもヨコにも広がっていきます。そこで重要になるのが AI の役割です。1 人の先生が多数の子どもたちに知識を伝達していくような一斉授業では、子どもたちは大人しく席に着いて話を聞いていることが前提になります。しかし、子どもたちがそれぞれの裁量によって行動する『学び合い』では、じっと座っている子どもは少なく、多くの子どもたちは席を立って対話的に学んでいることが想定されます。席に着いている子も同じことをやっているわけではなく、それぞれ十人十色のことを考えていると考えられます。
　この状況で、1 人の先生が 1 人 1 人の子どもたちの学習状況を把握することができるでしょうか？
　できません。
　もともと『学び合い』研究は、指導案に記載されるような「予想される児童の反応」のように、児童の行動を予想することなど不可能、という前提に立っています。私は20年間、小学校や中学校に勤めましたが、子どもたちの行動を予想できているという授業を観たことがありません。ましてや子どもたちが主体となって展開する学習で、動きを予想す

ることなど不可能なのです。

　そこで、登場するのが AI（人工知能）です。1 人 1 人の学習状況に関する情報を収集し、リアルタイムで判断する AI が、今後の『学び合い』をサポートしてくれる救世主になる可能性があるのです。もちろん、前述した「子どもたち活用型」の学習のように、コンピュータと子どもたちが向き合って学習し、つまずき等を判断するものをイメージしているのではありません。それでは、AI の想定した範囲で人間が学んでいくことになり、新しいものの見方・考え方に出合い、わかり合うような「意味が変わる」学びは難しいからです。

　子どもたちがどのように情報を収集しているのか、自己評価や相互評価はどうなっているのか、といったスタディログに関するビッグデータをリアルタイムに収集・判断し、フィードバックすることができれば、1 つの教室における『学び合い』だけでなく、異学年の子ども等が複数の教室で行う『学び合い』、遠隔地の教室同士をつないで行う『学び合い』においても、効率的に交流相手を見つけるサポートをしてもらえるようになるのです。

　これまで、ネームプレート等で可視化していた情報を、遠隔地の教室同士でも AI のサポートによって子どもたちが活用可能になるのです。こうなれば、AI に使われるのではなく、AI を使いこなす人間を育てることが期待できます。

　この研究はまだ始まったばかりです。しかし、着実に進んでいます。最新の情報については、本書の座談会ページに譲ります。学校教育業界の人間だけでなく、データサイエンスを専門とする研究者、コンピュータやネットワークの研究者や企業が「We」[8]となって協働する成果にご期待ください。

---

*8　佐伯胖先生の「学びのドーナッツ論」を基に水落研究室で育てた考え方で「I」と「You」の関係を「We」と呼ぶ。「We な関係」は、目標を共有し、責任を分担して協同する関係でその成果も共有する。詳しくは、『成功する『学び合い』はここが違う！』（学事出版）を参照のこと。

第1章

ICT 活用×『学び合い』
授業の実際

ICT 活用×『学び合い』授業実践事例

1人1台のタブレットで
聞き手も主役になるディベート学習

単元名	小学校5年国語科「考えを広げるために、立場を決めて話し合おう」（6時間目／8時間扱い）

目標	話し手（ディベーター）と聞き手（審判）のみんなが、ディベートを通して他者の考えを理解し、自分の立場や意図を明確にして、意欲的に参加することができる。
学習	話し手は、資料を活用するなどして、主張するプランのメリットやデメリットなどについて、立場や意図が伝わるように表現を工夫する。聞き手は、話し手の主張を聞きながら、意見の根拠について公平に判定し、評価できる点をまとめ、自分の考えを広げる。
評価	話し手と聞き手がそれぞれの目的意識をもって意欲的にディベートに参加する。また、互いの立場や意図を明確にして、考えを広げたりまとめたりする。

育成すべき資質・能力三つの柱との関連	1)「何を知っているか、何ができるか（個別の知識・技能）」 ・原因と結果など情報と情報の関係について理解している。 ・テーマに関する資料を収集し、情報を調べる。 ・ICT機器を活用し、情報を得たり、意見を発信したりする。 2)「知っていること・できることをどう使うか（思考力・判断力・表現力等）」 ・テーマの選択肢についてメリットやデメリットを考え、資料を活用して根拠を明確にして、わかりやすく説明できる。 ・他者の意見を聞き、考えを広げたり、まとめたりできる。 3)「どのように社会・世界と関わり、よりよい人生を送るか（学びに向かう力、人間性等）」 ・立場を決めて話し合い、学習の見通しをもってさまざまな意見を聞いて自分の考えを広げようとしている。

本学習にあたって

　皆さんはディベートを授業で実践したり、自身が体験したりしたことがありますか。ディベートを体験したことのある人の感想では、「資料を集めて、意見を言い合うのが楽しかった。」というようなプラスの意見を多く耳にします。しかし、中には「審判の聞き手役がつまらなかった。」「クラス全員が話し手として参加するのに、順番にディベートをして時間がかかる。」「子どもたちで議論を円滑に進めるのが難しい。」[*1]、などのマイナスの意見もあります。この差はどこにあるのでしょうか。成功するディベートのポイントも踏まえて、学習環境にひと工夫を加えたユニークな実践を紹介します。

　本稿では、小学校5年国語科「考えを広げるために、立場を決めて話し合おう」（教育出版）の単元で、ICTを活用した「ディベート」の実践を紹介します。普段から『学び合い』を実践している学級での実践です。ディベートのルールや枠組みを説明し、学習目標は提示しています。事前準備や当日のディベートは学習者主体で実施しました。

　ディベートとは「議論の教育を目的とし、ひとつの論題の下、2チームの話し手が肯定する立場と否定する立場とに分かれ、自分たちの議論の相手に対する優位性を第三者であるジャッジ（審判）に理解してもらうことを意図したうえで、客観的な証拠資料に基づいて論理的に議論をするコミュニケーション活動」（日本ディベート協会[*2]）と定義されています。そして、時間や返答方法など厳密にルールが定められています。ディベート大会なども公的に開催され、方法は確立されています。

　しかしながら、学校教育ではディベートの理論構築のために実践を行うわけではありません。学校教育でディベートを行う意義は2つあると

---

*1　青柳西蔵・石井裕剛・下田宏・伊丹悠人・冨江宏・北川欽也・河原恵「教育用ディベートシステムを導入した学習単元の提案と批判的思考態度醸成効果の評価」『日本教育工学会論文誌』33(4)，2010，pp.411-422.

*2　日本ディベート協会：http://japan-debate-association.org

考えます。1つは「議論の教育」のため。議論するための作法やプロセス、議論することの楽しさや大切さについて体験を通じて教育させることです。もう1つは「ディベートを実施する教科の目標を達成するため」です。そのように考えると、児童の実態や教科特性に合わせ、ルール変更や、展開方法の工夫などが適切に行われることが望ましいでしょう。本実践でも、基本のディベートの型に多くのアレンジを加えています。

　ディベートには国語科におけるたくさんの学習活動の要素が含まれています。例えば、調べる、考える、整理する、話す、聞く、書く、読むなどの学習活動を学習者が主人公となり、一体的に行うことができます。事前準備は学習者主体で、教師からの教授を控え、『学び合い』の考え方で行うことが望ましいです。ディベートには、多くの効果が挙げられていますが、課題もあります。主なものを3つ挙げるとしたら、

　①準備から実施までに時間がかかり、授業時間が不足する。

　②話し手の人数が限られ、聞き手（審判）が多数になる。

　③聞き手の学習意欲が高めにくい。

　本実践ではこれらの課題を解決する手立てを提案します。キーワードは「教科横断的な視点の単元設定」と「ICTを用いた教室環境」です。

教科横断的な視点の単元設定

　今回の学習指導要領のキーワードの1つにカリキュラム・マネジメントが挙げられます。そのカリキュラム・マネジメントを捉える側面の1つとして「各教科等の教育内容を相互の関係で捉え、学校教育目標を踏まえた教科横断的な視点で、その目標の達成に必要な教育の内容を組織的に配列していくこと」が挙げられています。今回の実践で紹介する国語科の年間指導計画（教育出版）では、すべての単元で他教科と関連できる教科が示されています。本単元の「考えを広げるために、立場を決めて話し合おう」では、「社会科・総合的な学習・特別活動：根拠や理由をはっきりさせて自分の考えを述べる」と関連性が記されています。

また、教科書には話し合いのテーマ例が掲載されています。そのテーマについてさまざまな立場から情報を調べ、話し合いの準備をし、ミニディベートをする展開例が計6時間で示されています。一方で、同時期に社会科では、食糧生産や工業生産の単元を学習しています。社会科でも同じくテーマを定めて、さまざまな立場（例えば生産者や消費者）に立って情報を調べ、話し合い活動を行うなどしています。これらの単元には学習活動の重複が見られます。そこで、教科横断的な視点で捉えると、社会科で追究した学習内容を、国語科のディベート学習と合わせて実施する方法が考えられます。教科横断的に単元を設定し、学習時間を数時間移し、十分な調べ学習の時間を確保します。このようにすれば、「①準備から実施までに時間がかかり、授業時間が不足する。」という課題を解決できます。

ICTを用いた教室環境

続いて、「②話し手の人数が限られ、聞き手（審判）が多数になる。」「③聞き手の学習意欲が高めにくい。」という2つの課題に対してです。

提案する解決策のポイントは「聞き手（審判）も主役にするディベート」です。そのための手段として以下のICT機器を使用しました。

・聞き手に1人1台のタブレット型端末
・CSCL[*3]システム（edutab[*4] box）
・スクリーン、プロジェクター

これらを設置した教室環境は図1のようになります。聞き手の立場の児童たちが1人1台のタブレット型端末を持っています。話し

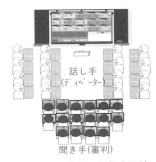

図1　ICTを用いた教室環境

＊3　CSCL…Computer Supported Collaborative Learning（コンピュータに支援された協調学習のこと。また、それを支援するシステム）
＊4　iPadを使った協働学習を実現するシステム。詳細はHP（https://edutab.jp/）を参照のこと。

図2　聞き手のタブレット画面

図3　コメントの一覧表示

手の議論が進む中で、聞き手が書き込んだ内容が教室前方のスクリーンに一覧表示され、聞き手の考えや判定結果を全体へ示すことができます。使用した edutab box は以下のような基本的な CSCL の機能を備えています。

機能①　ホワイトボード機能（図2）

機能②　背景色選択機能（図2）

機能③　学習者のタブレット画面の一覧モニター機能（図3）

機能④　学習者が選択した背景色の集計機能（図3）

 学習の方法

次にディベートの展開方法とテーマについてです。展開方法を表1に示します。本実践では、展開を9つに分けて、各展開を3分として、タイマーを使って機械的に進めていきました。表にあるメモやジャッジの部分では、自分の考えたことや評価する立場を文字や色で示すことができるようにしています。

次に、ディベートのテーマです。テーマは調べ学習に対する意欲や話し合いの深さを左右する重要な要素です。

表1　ディベートの展開方法

展開	時間	活動内容		
		話し手		聞き手
		立場A	立場B	
1	各3分	立論		観察・メモ
2			質疑	観察・メモ
3		作戦タイム		中間ジャッジ
4			立論	観察・メモ
5		質疑		観察・メモ
6		作戦タイム		中間ジャッジ
7		反駁		観察・メモ
8			反駁	観察・メモ
9				最終ジャッジ

　今回の実践では国語科のディベート学習に社会科の学習内容を取り込んでテーマを設定しました。今回のテーマは「新潟県が重視していくべきなのは農業か、工業か」です。「重視する」の意味は、県の予算や政策、土地利用などの面でどちらのバランスを重くしていくかという意味としています。対象の児童たちは、社会科で日本の工業の学習時に、国内において、他県で盛んに行われているのが工業で、新潟県は農業の県という印象をもっていることが授業の発言や感想でわかりました。しかし、現実は、新潟県でもたくさんの工業は行われています。新潟の未来を考えた時、農業と工業をどのようなバランスで予算や政策、土地利用などについて、どこに重点を置いて進めていくべきかは、話し合う価値のある課題です。このように地域性や児童の実態も踏まえてテーマ設定をしました。

　表 2 は単元計画です。年間指導計画では国語科で 6 時間が目安ですが、国語科と社会科の教科横断的に単元を構成することで、社会科の授業時間と授業内容を割り当て、8 時間完了で単元を構成しています。

表 2　単元計画

時間	テーマ：新潟県が重視していくべきなのは「農業」か「工業」か			
1	・ディベートについて知る。 ・班ごとに担当する立場を決める。			
2～4	・テーマについてさまざまな立場から情報を調べ、立論原稿を作成し、話し合いの準備をする。			
5	聞き手の立場の審判方法について理解する。 タブレット（edutab）上で操作する機能を理解する。 ①ホワイトボード機能　　②背景色選択機能 ③タブレットの画面保存機能など			
6・7	・ディベートを行う。 		1班（8名）	2班（8名）	3班（8名）	4班（8名）
1回戦	話し手 立場：農業	話し手 立場：工業	聞き手	
2回戦	聞き手		話し手 立場：農業	話し手 立場：工業 | ・聞き手はタブレット（edutab）を用いて、メモと審判を行う。			
8	・学習を振り返る。 ・学級全体でディベートの感想を共有する。 ・テーマに関してまとめの意見作文を書く。			

学習の様子

　以下は、聞き手が１人１台のタブレット型端末を持ち、そのコメントが教室前方のスクリーンに投影される学習環境で行ったディベートのやり取りの様子です。「農業」側のコメントは水色（青）の背景を選択し、「工業」側へのコメントは桃色（赤）背景を選択して記入するルールとなっています。

図４　実際のディベートの様子

（司会：児童が務める司会、児童Ａ・Ｂ・Ｃ：農業側の児童、児童Ｄ：工業側の児童、丸ゴシック体表記：聞き手のタブレットのコメント）

司　会　それでは「農業」側の立論をお願いします。

児童Ａ　私たちは、田や畑で米や野菜を生産することを農業として話をしていきます。

児童Ｂ　僕たちの考える農業を大切にしていくためのプランは２つあります。１つ目は、田や畑を続けている人に補助金を出すことです。理由は、農業を止める人が増えてきているからです。補助金を出すことで農業を続ける人が増えるからです。（中略）。

児童Ｃ　２つ目はもっと新潟のお米の良さの宣伝を増やしていくことです。この資料を見てください（全国収穫量割合2015年のグラフを提示）。新潟県はお米の生産が日本で一番多いです。そしてコシヒカリなど有名な品種があります。理由は、冬に雪がたくさん降り、雪解け水になり、綺麗な水がたくさんあるからです。おいしいお米をもっと宣伝していけば、たくさん売れるようになり、新潟県がお金持ちになるからです。（中略）。

司　会　それでは「農業」側への質疑をお願いします。

児童Ｄ　①補助金を出すことで農業を続ける人が増えると言っていましたが、補助金のお金はどこから出すんですか。

児童A　（農業側の自分のチームに対して）
　　　　②あれ、どうする、どうする。

児童B　（補助金は）新潟県が出すんでしょ。
　　　　（③聞き手のedutabのコメントで
　　　　「（青背景）補助金の資料がない」
　　　　「（赤背景）工業側の質問○」「（青

図5　コメントを書き込む様子

　　　　背景）補助金のお金はなさそう」などが一覧表示に並んだ）

児童C　④（青背景のコメントを確認して）あ、補助金の資料ね。あ、
　　　　あるよね、新潟県のお金のやつ。

児童B　そっか、お金のグラフ、ある。（予算の円グラフを探してAに渡す）

児童A　えっと、これは新潟県の2015年の予算のグラフです。どこだっ
　　　　け（隣のBに聞く）。

児童B　これ、これ（「補助費」を指して）。

児童A　⑤これを見てください。補助費というのが2693億円あります。
　　　　この一部で、農業に補助金を出します。（後略）
　　　　（⑥聞き手のedutabのコメント表示で「（青背景）円グラフで
　　　　説得力○」「（青背景）2693億円すごい」「（青背景）予算の使い
　　　　道のプランがいい」などが一覧表示に並んだ）

　農業側の児童A、B、Cはディベートまでの準備段階として行った
『学び合い』の中で複数の資料を集め、立論の原稿を作成してきました。
プランとそのメリットを原稿にまとめ、立論に臨んでいます。その立論
に対し、工業側のDが①のように、補助金の出どころについて質問して
います。これに対しAは②のように焦っています。初めてのディベート
によく見られることで、事前準備ができる立論はしっかりできても、応
用力の必要な質疑の応対や反駁はうまくできないケースがあります。そ
の時にCが③の聞き手のコメントを見て、④のように事前に収集した資
料の中に歳出の予算のグラフがあることを思い出し、仲間に情報を共有
しています。そして、Aは⑤のように資料を用いて返答している様子が

見られています。また、聞き手から⑥のようにそれを評価するコメントが見られています。

　聞き手の児童たちは、しっかりとコメントを繰り返していました。話し手と聞き手が、ディベートを通して他者の考えを理解し、自分の立場や意図を明確にして、意欲的に参加することができている様子が見られました。

評価・ふり返り

　今回のディベートでは、「聞き手」と「話し手」のそれぞれに変化が見られました。まずは聞き手の変化についてです。一般的なディベートの課題として、聞き手の学習意欲を向上することが難しいという点を挙げました。そこで、聞き手も主役になれるように、聞き手が意見を表出する機会を1人1台のタブレット型端末とedutabによって構築しました。このedutabを使う実践の前に対象実験として聞き手が通常のワークシートを使ったディベートを行っています。2つのディベートに対し、聞き手の集中度を研究の手法に基づいて検証しました（図6）。

　9つの展開部分すべてで、ワークシートを使ったディベートより、edutabを使ったディベートのほうが、聞き手の集中度は高く維持される結果になりました。具体的な行動変化としては、話し手への注目、議論に関する周囲との相談など積極的な学習行動が多く確認されるようになり、逆に私語やふざけ、よそ見などの消極的な学習行動が減少しました。そして、記入の行動（ワークシートへ書く、タブレットへ書く）やコメントの数はどちらのツールを使っても差が出ないという結果になりました。

　続いて、話し手についての変化です。話し手にとって、良い変化があった点としては、聞き手の意

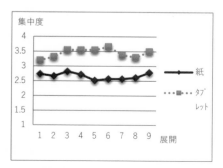

図6　聞き手の集中度の推移

表 3　授業後のアンケート結果
質問：次のディベートでは、審判をする時に何を使いますか。

edutab	ワークシート	なし	その他
20	6	1	1

【edutab 支持派の理由】
・①スクリーンに自分の他にどんなことが書いているのか分かる。
・エデュタブを使った方が楽しかったし、使いやすかった。
・iPad を使って②みんなに伝わってほしいコメントやよいところを書きたいから。

【ワークシート支持派の理由】
・③タブレットの方が書きにくいから。
・④ iPad に手で書くより、鉛筆で書く方が、もっと自由に長く書ける。
・ワークシートの方が分かりやすいから。

見が一覧表示されることで、前述した授業の会話のやりとりが見られたことなどが挙げられます。また、自分の発表が常に評価されているという緊張感と達成感が感じられるものになっていました。全体としては、話し手と聞き手がそれぞれの目的意識をもって意欲的にディベートに参加することができていました。そして、ディベートの議論を通して、それぞれが他者の意見を参考にしながら、自分の考えを広げていました。

　実践後、児童へのアンケートを行いました（表 3）。結果は、edutabの支持派が多かったです。理由の①にあるように、他者の意見に触れて考えを深める様子がわかります。また、②のように聞き手であっても自分の意見を伝えることができる場があることに意味を見いだしている児童もいます。一方でワークシートを支持する理由には、③や④のように、使い慣れたツールに対するメリットを支持する意見がありました。

　ICT を活用してディベートに参加する聞き手の思考を可視化することで、聞き手も主役になり、意欲的な学習につながることが確認されました。

　なお、この実践に関する研究の成果は、日本科学教育学会の論文誌に掲載されています[5]。
（榊原範久）

＊ 5　榊原範久・松澤健彦・水落芳明・八代一浩・水越一貫「タブレット型端末を利用した同期型 CSCL による思考の可視化がディベートに参加する聞き手の学習意欲に与える効果に関する研究」『科学教育研究』41（2），2017，pp.85-95.

だから、この実践は成功する！

齋藤 これは楽しい実践ですね！ edutab はディベートに使うには最高のアイテム、という印象ですし、この本の趣旨にぴったりですね。

水落 ありがとうございます！ 開発チームの一員として嬉しいです。ICT がディベートのデメリットをカバーしていますよね。

齋藤 そうそう。ディベートって確かに子どもたちが伸びる実感があるんだけど、どうしても聞き手の子がつまんなくなっちゃう。だからって全員に討論の出番を作ると時間がかかっちゃう……。同時にいくつかのグループを回してみたこともあるんだけど、そうすると今度は教師評価も相互評価もできなくなっちゃうからね。

水落 まさにそうですね！ 大げさかもしれませんが、この実践の登場によってディベートが変わる予感がします。

齋藤 これは本当に聞き手の子も主役になれるし、それが討論している子の緊張感やみんなの達成感につながっていると思います。

水落 国語と社会のカリキュラム・マネジメントも効果的ですね。

齋藤 まさに。ただ話し合うんじゃなくて資料等を基にしているから、議論が空中戦にならないのがいいですね。これって今注目されている読解力を伸ばしていくことにも効果的だと思いませんか？

水落 そうですね！ edutab によってリアルタイムで評価が可視化されますので、きちんと相手の話を聞くことや資料をしっかり参照して理解することにつながりますね。

齋藤 それに、学習の楽しさについてエビデンスがあるのは、さすがに教職大学院在学中の実践研究！ という印象です。

水落 そうですね。いいなと思える授業を新たにデザインして、実践、記録、分析することで、学会にはエビデンスを示した論文として発表し、教育現場にはこうした書籍を通じて問いかけていく。それができているのは嬉しいです。

ICT活用×『学び合い』授業実践事例

自分たち用のデジタル教科書を作ろう

単元名	小学校4年社会科「わたしたちの県」（7時間目／9時間扱い）

目標	・「わたしたちの県」（新潟県）のとくちょう、都市と交通、産業について、みんながわかりやすい教科書を作成できる。 ・情報活用能力を伸ばす。
学習	・1人1台のタブレット型端末を用い、子どもたち自身が「わたしたちの県」（新潟県）に関する子どもたち用デジタル教科書を作成する。 ・情報収集や操作の仕方でわからないことは、子どもたち自身が最も効果的と考えるツールや交流相手を選んで学習する。
評価	・「わたしたちの県」（新潟県）について、とくちょう、都市と交通、産業について説明できる。 ・自作のデジタル教科書について、文字の大きさや写真の配置等みんながわかりやすい工夫ができているか相互評価する。

育成すべき資質・能力 三つの柱との関連	1）「何を知っているか、何ができるか（個別の知識・技能）」 ・新潟県のとくちょう、都市と交通、産業を理解し説明できる。 ・iPadやアプリケーションを適切に操作できる。 2）「知っていること・できることをどう使うか（思考力・判断力・表現力等）」 ・新潟県のとくちょうを知るための方法を考えることができる。 ・新潟県のとくちょうを知るために、新潟県ならではの良さに着目したり、他の県と比較対象したりすることができる。 ・タブレットにまとめることができる。 3）「どのように社会・世界と関わり、よりよい人生を送るか（学びに向かう力、人間性等）」 ・タブレット型端末を通して、自分でタブレットに表しながら表現することで、タブレットを読む人に対して、わかりやすくするための方法を考えることができる。

本学習にあたって

　本実践は、１人１台の iPad mini を用いた実践です。子どもたち同士が交流しながら教科書を作る活動によって、学習意欲の向上や内容理解を図ることができた、という研究[1]を参考にしました。

　現状のデジタル教科書は、授業の際に教師が活用することを意図して作られた「教師用教科書」であり、子どもたちが手にとって学ぶためのものではありません。子どもたち用デジタル教科書が開発される中で、実際に子どもたちがわかりやすいと考えるデジタル教科書とはどのようなものなのか、子どもたち自身で作ってみることにしました。

　また、社会科の目標だけでなく、社会科を学びながらデジタル教科書を子どもたち自身で作ることで、「生きる力」として注目されている情報活用能力を伸ばすことも目標としました。なお、この研究は、日本科学教育学会の論文誌に掲載[2]されています。

 目標・学習・評価の設定

　教科書を作成する時間は、９時間中４時間としました。１〜３時間目は、知識を身に付けるための時間に設定し、４時間目は、Book Creator（https://bookcreator.com/）を使用したデジタル教科書の作成の仕方を教えました。５〜８時間目は、１〜３時間目で得た知識を取り入れた教科書を作成することができるように設定しました。５時間目の導入の段階で、子どもたちに「わかりやすい教科書」を作成するように意識づけました。教科書の作成時、いつでも作成の仕方がわかるように、子どもたち全員に私が作成した説明書（次頁写真）を配付しました。

　Book Creator がデジタル教科書として使用できる機能の詳細は次の

＊１　神崎弘範・西川純・久保田善彦「生徒同士の相互作用を重視した理科学習における『自作教科書作りの活動』についての実践的研究」『理科教育学研究』第48巻第２号,2007,pp.23-34.
＊２　荒井千尋・一薬豊・田中翔大・水落芳明「学習者がデジタル教科書を自作する授業実践が学習者の情報活用能力に与える効果に関する事例的研究」『科学教育研究』Vol.40(1), 日本科学教育学会, 2016, pp.3-11.

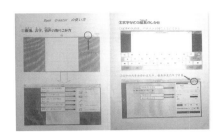
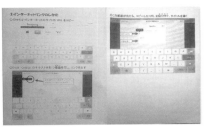

表の通りです。

学習の様子

　社会科の学習においては、子どもたちにとって意味のわからない用語が教科書や資料集等にあることが報告されています[*3]。それも社会科特有の用語というよりも、一般的な用語の意味が子どもたちにとって難しく、教室にある国語事典を引く回数は、国語の学習以上なのです。「わたしたちの新潟県」という地域の教科書を作る学習の中でも、意味のわからない用語に出合う場面がたくさんありました。

Book Creator がデジタル教科書として使用できる機能

機能	内　容
画像 動画	画像、動画の視聴ができる
文字 説明	搭載された文字、説明を読むことができる
音声	音声を再生することができる
リンク	リンクのあるインターネットのサイトを閲覧できる
辞書	文字を長押しすることで、その文字の辞書を使うことができる

児童J　新潟の資金を調べよう。①

児童F　新潟県の資金って？②

児童K　これだよ。国内総生……③

児童F　わかんない。むずい。

児童J　たぶん「そうさん」だよね？④

　　　　（iPad mini で「総生産」を検索して……）

児童F　「そう」出てこない。

児童K　出た！　見て！　「総生産」だよ！　「総生産」！⑤

[*3]　西川純・平林邦章・岩崎太樹・水落芳明「小学校社会科における"言葉の問題"に関する研究」『臨床教科教育学会誌』9 (2)，臨床教科教育学会，2009，pp.9-18.

児童J＆F　やった！⑥

　この場面では、まず①でJが新潟県の資金について調べること提案したものの、②のようにFは意味がわかりません。Kも③のように「総生産」という用語が読めない状況でした。最初に提案したJも④で「そうさん」と読んでおり「そうせいさん」と読むことをわかっている子が1人もいない状況です。ようやくKが⑤で「総生産」の情報を見つけ、⑥で喜んでいます。

　この場面はiPad miniが無線LANでインターネットにアクセス可能だったため、こうした用語調べが簡単にできました。こうした経験をもとに、子どもたちが使用したデジタル教科書には、iPad miniに実装されている辞書機能を生かして、意味のわからない用語を「長押し」すると「調べる」がポップアップされ、すぐに調べられるようになっていました。

　児童の自作デジタル教科書は右の通りです。

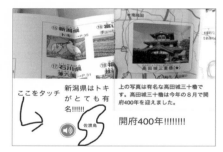

　文字は画像に合わせて見やすくなるような色を選択していました。図からは、自分が必要だと判断した内容を選択して、画像（絵や図・写真）と文章の組み合わせなどで構成していることが読み取れます。また、必要に応じて音声再生機能を搭載し、図の「ここをタッチ」部分をタップすると、教科書のテキストを読み上げてくれる機能も搭載しました。さらに、文字の大きさや色を見やすくなるように工夫する子もいました。

　こうした工夫は、子どもたちが、1〜3時間目に学習した新潟県に関する知識や情報の中から重要性を判断し、取捨選択しながら再構成して、わかりやすくデジタル教科書を作成するなかで出てきたもので、デジタル教科書としての機能も自ら取捨選択して取り入れていることがわかりました。しかし、なかなか上手くいかないこともありました。写真

を入れようと思ってもなかなか上手に撮影できなかったり、撮影したい部分が見つからずに困ってしまったりする場面もありました。

 助け合いながら写真撮影する場面

児童F　写真を新潟県だけ撮りたいな……。①

児童I　僕知ってるよ！　これ（地図帳）だったら新潟県だけ載ってる！②

児童F　できた！　これが新潟県。③　……（中略）……

児童F　あとは……もう1つ新潟県の写真を入れたいんだよね。④

　　　　I！　さっきの地図帳見せて。⑤　次、こっちの新潟県にする。

　　　　（この後、見せてもらった地図帳の写真を取り込む⑥）

　まず①でFは、新潟県だけが写っている写真をデジタル教科書に載せたいと考えています。しかし、新潟県だけが写っている写真が見つからずに困っています。そこでIが②で、新潟県だけが写っている写真が地図帳に載っていることを伝えます。すると③でFはその写真を取り込むことに成功し、④で、さらに別の新潟の写真を取り込みたいと考えます。⑤でIの持っている地図帳を見せてほしいと頼み、⑥で、別の新潟県の写真も取り込むことに成功します。こうして子どもたちは、お互いのもっている情報を交換しながら、それぞれの作りたいデジタル教科書を作っていったのでした。

 評価・ふり返り

　単元前と単元後に実施した情報活用能力に関するアンケートの得点について分析を行いました。事前の平均得点値は99.7点であり、事後の平均得点値は、114.8点で有意に向上していました。この結果から、子どもたちは、みんながわかりやすいデジタル教科書を自作する活動を通して、情報活用能力も向上させることができたと言えます。　（荒井千尋）

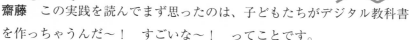

だから、この実践は成功する！

齋藤　この実践を読んでまず思ったのは、子どもたちがデジタル教科書を作っちゃうんだ〜！　すごいな〜！　ってことです。

水落　そうですね！　読んでみると、なるほど、そりゃあそうだって納得なのですが、荒井さんが教職大学院の院生時代に最初に学会発表した時も驚かれた印象があって、それが嬉しかったですね！

齋藤　そうでしょうね。デジタル教科書というとプログラマーたちが時間をかけて作るイメージがありますからね。子どもたちも学習の楽しさや喜びが変わってくるでしょう？

水落　はい。学習したことをまとめる活動というのは、よく見かけますが、デジタル教科書作りにするだけで変わりますよ。

齋藤　そうでしょうね。まず、相手意識が生まれるところが違いますよね。どんな情報をどのくらい載せていけばいいのか、常に相手意識をもちながら学習を進めることになります。そこが、自分のレポートにまとめる学習とは違うと思います。

水落　作ったデジタル教科書を実際に次年度に使ってみるところまでやってみたいですね。そうすれば、自分たちの作ったデジタル教科書を実際に使った子たちから、リアクションをもらえますから。

齋藤　それはいいですね！　そうやって、毎年、ブラッシュアップしていく学習になったら素敵ですね！

水落　ぜひ、この本を読んでくださった方にお願いしたいです（笑）。

齋藤　あと、この学習でいいなと思うのは、iPad を道具として使いこなしているところですね。テキスト、画像、リンク……それになんといっても、ネットにつないだ辞書機能まで使いこなしているところがいい！　ああやって使えば本当に理解した上で作れますよ。

水落　そうですね！　社会科って本当に難しい用語がいっぱい出てきますから、便利ですね！

ICT 活用×『学び合い』授業実践事例

学習履歴を閲覧し合い考えを深める
システム×人工知能の支援

単元名	小学校 5 年算数科「どんな計算になるのかな（小数のかけ算・わり算）」（1 時間目／ 1 時間扱い）

目 標	小数倍の場合も、整数倍と同じように基準量×倍＝比較量で比較量を求められることを理解し、さらに、その式をもとに□を用いて除法の式も立式して計算でき、その 2 つの式の意味について説明できる。
学 習	小数倍の文章問題を解答し、図や絵、式を用いて計算の仕方を説明する。共有された説明の中から一番良いものを選び、その理由を説明する。
評 価	小数倍の文章問題の解き方について図や絵、式などを用いて説明できる。共有された説明の中から一番良いものを選び、その理由を説明できる。

育成すべき資質・能力　三つの柱との関連

1）「何を知っているか、何ができるか（個別の知識・技能）」
・小数倍の場合も、整数倍と同じように基準量×倍＝比較量で比較量を求められることがわかる。
・自分の解答を図や絵、式などを用いて説明できる。
・edutab システム、edulog システムを適切に操作できる。

2）「知っていること・できることをどう使うか（思考力・判断力・表現力等）」
・基準量×倍＝比較量を使って計算し、解法を説明できる。
・基準量×倍＝比較量の式をもとに倍を□とした時、□＝比較量÷基準量の式を立式して計算し、解法を説明できる。
・他の解答の説明と自分の解答の説明を比較検討できる。

3）「どのように社会・世界と関わり、よりよい人生を送るか（学びに向かう力、人間性等）」
・共有された解答についての説明を読み解き、自分なりの判断基準をもって情報を取捨選択しながら、最適解を見出せる。

本学習にあたって

　この実践では、図1のように児童2人に1台のタブレット型端末（以下、タブレット）を用意し、edutab（前掲）システムのネットワークにアクセスできるようにしました。

　本学習では、図1のように児童はedutabに自分の解答の説明を記述します。そして、その画面は、リアルタイムで図2にあるように教師用のタブレットに反映されます。この教師画面をプロジェクターなどにつないで映すことによって、教室全体へと可視化することができます。

図1　edutab の操作画面

図2　edutab 教師画面

　しかし、図2のように、表示する児童数が多くなればなるほど、教師用の画面では児童用1台1台の記載内容は確認しにくくなってしまいます。

　そこで、図3にあるedulogがその点を解決します。edulogは、各児童がedutabへの記載を終えた際に、スクリーンショットを行うと、そのデータがedulogシステ

図3　edulog の操作画面

ムへと送信され、図3のように、送信された内容が横並びで表示されます。この表示は見たいと思う学習者の名前を押せば表示することができ、もう一度押せば非表示にすることができますので、児童は自分の意図をもって表示させることが可能となるため、情報の閲覧・比較検討も意図をもって行うことが可能になります。

　このedulogは図3上部にあるように自己評価のボタンも設定してありますので、児童の自己評価も可能となります。この自己評価とedulog で共有された情報を閲覧する行動、つまり、友達の名前ボタンを押してその児童の情報を見て、自分の解答と比較する行動をリアルタイムで集計し、分析することで児童の学習目標の達成を予測することも可能になります。これが図4で示す、Intelli-

図4　Intelligent edutab 画面

gent edutab[*1]（AI-人工知能）です。Intelligent edutab は児童の情報の閲覧行動を分析し、多くの情報を閲覧・取捨選択並びに、自分の解答と比較しているかを判断し、図4上の棒グラフとして目標達成の推測値を教師に知らせます。教師はこの情報と図4中段と下段に表示される課題達成の自己評価を比べながら、児童の支援を行ったり、学習状況を判断したりすることが可能となります。詳しくは脚注を参照してください。

目標・学習・評価の設定

　本実践の学習問題の1つは「1階から5階まで5秒でいくエレベーターがあります。1階から25階までいくのには何秒かかるでしょう。」でした。図5はある児童のedutab に記した解答の画面です。児童は目標を意識して、式だけでなく、自分たちの解

図5　ある児童の解答画面

答の様子が他の児童にも伝わるようにと文字の説明も加えて解答していることがわかります。しかし、この解答は、今立っている1階から5階までの間には4階フロアが存在していること、言い換えれば4階上がるごとに5秒かかることに気づいておらず、正解の30秒ではないので誤答になります。教師としては、このカラクリに気づく児童が少数いると予想していた

＊1　大前佑斗・古屋達朗・水越一貫・大島崇行・榊原範久・水落芳明・松下将也・高橋弘毅・八代一浩「"対面式協調学習をリアルタイムに支援する知的 CSCL システム Intelligent Edutab Box"」『第35回ファジィシステムシンポジウム講演論文集』2019. 8,pp.577-578.

のですが、児童全員が誤答の「25秒」と記載してしまったこと、並びに、多く
の児童が「5×5＝25秒」と記載するだけで、図5のような説明がなかった
現状から、もう一度目標を意識させながら、正答を導き出した実践です。

● 学習の様子

　以下は、児童全員が「5×5＝25秒」と記載し、学習を終えたと思って
いる状況から、誤答に気づき、学び合いながら正答を導き出し、より良い
説明を書こうとする場面です。（アルファベットは児童のイニシャル）

児童M　余裕、余裕。ちょろかったなぁ。

教　師　へぇ。25秒なんだね。今この人のいる位置は1階だよね。①当
たり前だけど。

児童M　何変なこと言ってるの？　先生。

児童S　当たり前っしょ。

児童H　え？　待って。何かおかしい。

教　師　どうしたの？　Hくん。何かあった？

児童H　5階で1セットって思ってたけど、すでに1階にいるんでし
ょ？　ってことは……あれ？　どういうことだ……②

児童T　あーー！　私わかった！　5じゃなくて4で5秒なんだよ。②

児童M　はぁ？　意味わかんないし。

児童S　え？　どゆこと？

児童H　わかったーー！　4階上がって5秒だから5÷4の1.25が1個
分なんだ。

児童M　頼む！　わかるように言ってくれって！

児童T　はいはい。絵に書けばわかるから待って。③あのね……　（後略）

教　師　おぉ！　Tさんの説明が絵付きで式もあってわかりやすいなぁ。
④

児童A　ねぇねぇ。Tちゃんのがいいらしいよ。早く早く！⑤

　この場面では、①の揺さぶりをきっかけに、②の会話が発生し、自然

と児童にとってわかりやすいだろうという「絵で表す」手段が選択されて学び合いが発生したことがわかります。そして、教師はedutabをもとにT児の解答を確認し、④のように良さを伝えたこ

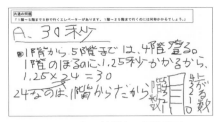

図6 T児の絵付きの解答画面

とで、その発言を聞いていたA児がedulogでT児の情報を閲覧しようとしていることがわかります。

　このようにICTを使うことで状況の把握やよい情報の伝達などが自分の手元でスムースに行われ、そのスピード感があるからこそ議論が活発になり、可視化された情報を足場にして新たな考えが出やすくなると考えます。

評価・ふり返り

　上記の会話をきっかけに最終的には全員が30秒という正答にたどり着き、解法も1.25×24以外のパターンが考えられたり、説明では絵や図や式などを複数組み合わせたものが記されたりしました。この時、教師が発言したのは①と④の会話のみで、後は児童の話に相槌を打ったり「いいねぇ」といった言葉をかけたりしただけでした。こう見ると教師は大したことをしていないように感じますが、実は、edutabの画面をくまなくチェックしたり、AIが知らせてくれる状況をもとに児童の様子を見に行ったり、声をかけたりしています。こうした姿を児童に見せることで、児童にも見ていること（評価している）が伝わり、目標から離れずに学習が進むと考えます。ICTを使った授業となると特別な感じが出やすくなり、さらにはAIを使った授業ともなると尚更かと思います。ですが、どんな授業もやることは変わらないように思います。児童の学習を教師がしっかりと見て、判断し、児童に見ていることを伝えること、その中で効率化できる部分にICTを使うこと、これが基本のように思います。　　　（古屋達朗）

だから、この実践は成功する！

齋藤 これは GIGA スクール時代の『学び合い』を感じさせますね。

水落 まさに。AI を使い、遠隔地であっても可能ですからね！

齋藤 それなのに、先生のやることは変わらない、とまとめているあたり、さすがですね！

水落 はい。私もそう思います。目標と学習と評価の一体化は、授業の贅肉部分をすべてそぎ落とし、それでも残った「これだけは外せない考え方」ですから、どんなにテクノロジーが発展しようと、新たな機器が入ってこようと変わらないのです。

齋藤 なるほど。では、この実践のポイントはどこですか？

水落 先生が、子どもたちの学習状況をよく見ていたところです。

齋藤 AI もリアルタイムで学習状況を分析しているんですよね？

水落 はい。しかし、AI が分析しているデータは子どもたちの自己評価をもとにしていますから、自己評価が間違っていれば、AI は間違ったデータをもとに分析してしまう危険性があるんです。

齋藤 なるほど。だから、実際に人間の先生が学習状況をよく見て、自己評価が間違っていないかも確認しているのですね！

水落 はい。そこには人間ならではの部分があると思います。

齋藤 わかります。この実践でも揺さぶりをかけた際に、「どうしたの？　H くん。何かあった？」ととぼけていますもんね。

水落 どの子たちをチェックし、どのように揺さぶりをかけるのが効果的なのか、その判断にはやはり、人間業が必要です。

齋藤 そうですね。こうした学習がポピュラーになったとしても、人間の先生は必要なんですね！

水落 そう思います。子どもたちが主体的・対話的に学び合い、その学びを深めていこうとする学習では、特に人間の先生のプロフェッショナルな仕事が光ってくると思います。

ICT活用×『学び合い』授業実践事例

実験記録の内容を一覧できる
データベースマップ

単元名	小学校5年理科「おもりのふれかた」 （3時間目／8時間扱い）

目標	振り子の周期は「振り子の重さ」「ふれはば」「おもりの長さ」のどれに関係あるのか、実験で確かめることができる。
学習	振り子の規則性を調べる工夫をし、それぞれの実験装置を操作し、実験記録をデータベースにアップする。
評価	実験記録から振り子の規則性を見出すことができる。

育成すべき資質・能力／三つの柱との関連

1）「何を知っているか、何ができるか（個別の知識・技能）」
・実験道具等を適切に使用して実験できる。
・振り子の規則性について理解し、説明できる。
・コンピュータやアプリケーションを適切に操作できる。

2）「知っていること・できることをどう使うか（思考力・判断力・表現力等）」
・振り子の規則性を発見するための実験を考えることができる。
・振り子の規則性を発見するために、データベースを活用して他班の実験記録と自班の実験記録を比較検討できる。

3）「どのように社会・世界と関わり、よりよい人生を送るか（学びに向かう力、人間性等）」
・実験記録を読み解き、データに基づいて話し合い、振り子の規則性を発見できる。

本学習にあたって

　この実践は、私が小学校の先生をしていた2006年に実践したものです。「スタディノート」（前掲）を使っていますが、「ジャストスマイルクラス」[*1]（株式会社ジャストシステム）等と同様に、子どもたちのノートを集約してグループでまとめたり、付箋を貼ったりする機能があります。

　本学習では、図1のようにスレッド表示されることの多かった実験記録のデータベースを図2のようにマップ表示にしました。

　スレッド表示では、データベースにアップした順番に表示されていくため、ダブルクリックして実験記録を開かなければ内容はわかりません。

図1　スレッド表示

　これに対し、マップ表示では、自作の Jpeg ファイルを壁紙にできます。私は「おもりの重さ」「ふれはば」「振り子の長さ」の実験ごとに実験記録を置く場所を仕切った壁紙をつくり、実験記録の位置によってどの実験の記録なのかを一覧できるようにしました。さらに、実験記録が振り子の周期に「関係あり」「関係なし」なしに仕切り、どの実験記録が周期に関係あるのかも一覧できるようにしました。これによって、子どもたちは自分たちの実験記録だけでなく、他班の実験記録を閲覧することも簡単にできるようになりました。

　さらに、マップ表示のメリットはもう1つあります。子どもたちが実験記録をアップしようとすると、まず図2中央の●印部分で点滅します。その後、マップ上で実験記録を置きたい場所にドラッグ＆ドロップ

＊1　https://www.justsystems.com/jp/products/smileclass/

して位置を確定することになります。これにより、子どもたちは自分たちの実験記録がどの欄に位置すべき実験記録なのかを、アップする際に必ず考えなくてはならないのです。

図2　マップ表示

これは、単に実験をしておしまい、「楽しかった」で終わってしまうのではなく、授業の目標を常に意識しながら学習し、自分たちの実験記録を分析し、他班と比較検討しながら評価していくことにつながるのです。また、すべての班が同時に同じ実験を進めるのではなく、周期に関係ありそうだと思う実験から始めたり、他班の実験記録を見て実験の順序や内容を考え直したりでき、子どもたちの裁量で対話しながら学習を進めることができるのです。

目標・学習・評価の設定

図3は3班の実験記録です。「おもりの重さ」50gの平均は、1.44秒で四捨五入すると1.4秒になるのに対して、100gの実験では1.5秒。0.1秒の差があります。3班の子どもたちは、この差を誤差と判断し、周期に「関係なし」の欄に実験記録を置きました。

しかし、同様の差をおもりの重さは周期に「関係あり」と判断していた他班の子がこの実験記録を見て、0.1秒の差を誤差とするのか、周期に「関係あり」とするのかで議論になりました。

0.1秒の差をどのように扱うのかを解決することが、新たな目標

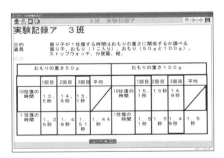

図3　実験記録

となったのです。それも教師が設定したのではなく、実験記録を相互に閲覧し合う中で子どもたちが問題を発見し、子どもたちが目標としたのです。

学習の様子

　以下に0.1秒をどのように扱うのか解決策を決める際の会話を紹介します。0.1秒の差を周期に「関係あり」と考える6班のSさんや7班のKさんが、誤差と考える3班のYさんやZさんと話し合っている場面です。（数字は班の番号、アルファベットは児童のイニシャル）

6 S　理科とか算数とかさ～、多少の1.3とか1.4とか（0.1）間違えただけでピン（不正解の意）になるじゃん。

3 Y　でも、人間の手で計っているからさ～。0.1（秒）だけ、どうこう言ってもしょうがないんじゃないの？

3 Z　そうだよ。しょうがないよ。……中略……

7 K　これさ～。重さ（1個10g）を1個のと10個（100g）とかって、すごい差を付ければ、すごい変わるよね？①

6 S　そりゃ、変わるけど……②

7 K　だから、これ（10gのおもり1個の実験）を（重りたくさんを指して）これと比べるんだよ。③

6 S　重さを変えてみるとか？

7 K　そうそうそうそう！　重さを変えるんだよ！　だから、かなり差をあるようにするわけ。

6 S　ほうほうほうほう……④

7 K　そうすれば、3Yだって認めるじゃん？⑤

6 S　そうだね！　よし！！　やってみる？⑥

7 K　やってみる？

　この場面では、重りの重さが周期に関係あるとしたら、50gの重りと100gの重りで0.1秒の差があったのだから、10gと100gの重りで実験す

れば、0.1秒以上の差がつくと考えた7Kが①の発話をします。②で6Sはその意図を理解できていない様子ですが、③の発話を受けてわかり始めたのが④の発話から読み取れます。その後、⑤でその解決策は議論の相手の3Yを納得させる方策であると言われ、⑥で実験に同意します。

　これは感情的に議論するのではなく、実験データに基づいて規則性を発見しようとする姿であると考えます。

 ## 評価・ふり返り

　上記の会話で生まれた実験でも解決にいたらなかった子どもたちは、その後1つの振り子を各班の代表が同時に測定する解決策を見出し、0.3秒の差が出たことから、0.1秒は誤差として扱うことを決定します。その結果、振り子の周期に関係あるのは、振り子の長さだけであり、重りの重さや振れ幅は周期に関係ないという規則性を発見します。

　この間、授業をしていた私が会話に参加したのは1回だけ。0.1秒の差がある3班の実験記録で「関係なし」としていることを見つけた6Sさんが「先生、これって関係ありですよね?」と訴えてきたのに対し、「どうして?」と返事をした場面だけなのです。

　この一言は、日頃から理科の学習で実験データに基づいて判断し説明することの大切さをあらためて伝えた場面です。そして、子どもたち自身で解決できると考えていることが伝わった6Sさんは、子どもたち同士で話し合って解決策を考えることにしました。

　また、その後の話し合いの様子を私がじっと評価(よく見ている)していたので、感情的な話し合いではなく、実験データに基づいた話し合いになったと考えます。

　なお、この実践の詳細は、以下の論文をご参照ください。

水落芳明・久保田善彦・西川純「理科実験場面におけるCSCLによる評価規準の共有化―小学校5年理科『おもりのふれかた』におけるデータベースマップの活用を通して―」『理科教育学研究』48(2),日本理科教育学会, 2007.11, pp.83-93.　　　　　(水落芳明)

だから、この実践は成功する！

齋藤　この実践のポイントはどこにあると思いますか？

水落　黒板に図2のような枠を書けば、実験記録を磁石等で貼っていくことはできます。その時点で、目標を意識し、学習と評価を一体化させる効果をある程度は期待することはできます。

齋藤　でも、それだと同じ実験をみんなでやるしかありませんね。

水落　はい。複数の実験を子どもたちの主体的な判断で同時進行し、その記録を蓄積し相互に閲覧していくことはできません。そこに、このシステムの良さがあります。

齋藤　それに45分の限られた授業時間の中で、子ども同士で相互に閲覧し合って、問題を発見し解決していくこともできませんね。実際にマップ表示にすると、どれくらい効率的に相互閲覧できるのですか？

水落　例えば、図3に示した3班の実験記録を6班の子が閲覧して、0.1秒の問題に気づくまでにかかった時間は25秒です。

齋藤　なるほど。確かにそれは速いですね！　マップ表示だからピンポイントに3班の記録を閲覧できた、ということですね！

水落　はい。

齋藤　目標と学習と評価の一体化の観点からはポイントはありますか？

水落　はい。この学習では、子どもたちが実験記録をデータベースにアップする際に、図2の枠の中でどこに位置づけるのかを決めなくてはなりません。自分たちの実験記録を見直し、ふりこの周期に「関係あり」なのか「関係なし」なのかをデータから判断しなくてはならないのです。

齋藤　そこに、目標と学習と評価の一体化を成功させる鍵があると？

水落　はい。実は、この実践は私の博士論文の核になったもので、この実践を分析する中で、『学び合い』を成功させるのは「目標と学習と評価の一体化」ということに気づいたのでした。

ICT 活用×『学び合い』授業実践事例

1人1台 PC で個別最適化した 音楽鑑賞

単元名	小学校 6 年音楽科「曲想を感じ取ろう」 （3 時間目／ 3 時間扱い）

目標	歌劇「カルメン」の楽曲の構造を理解し、鑑賞したことを音色、強弱、反復、変化などの言葉を使って説明できる。
学習	動画編集ソフトの音楽トラックにある「カルメン」を聴き、曲想にあった画像を画像トラックに当てはめ、鑑賞したことを書く。
評価	曲想の変化を聴き取り、楽曲の構造にあった画像を画像トラックに当てはめることができる。音色、強弱、反復、変化等の言葉を使って鑑賞したことを書く。

育成すべき資質・能力　三つの柱との関連

1）「何を知っているか、何ができるか（個別の知識・技能）」

・歌劇「カルメン」を動画編集ソフトを用いて聴くことができる。

・曲想の変化に合わせて画像を当てはめることができる。

・音色、強弱、反復、変化等の言葉を使って鑑賞したことを書ける。

2）「知っていること・できることをどう使うか（思考力・判断力・表現力等）」

・自分と友達の当てはめた画像を比較しながら、楽曲を繰り返し聴き、曲想に合った画像を判断できる。

・自分が聴き取ったことを友達に説明することができる。

3）「どのように社会・世界と関わり、よりよい人生を送るか（学びに向かう力、人間性等）」

・曲想に合った画像を当てはめることを通して、楽曲の構造に気づき、音楽を鑑賞することの楽しさを知る。

本学習にあたって

　音楽の時間は、歌を歌ったり、楽器を演奏したりすることが中心になり、鑑賞の学習は軽視されがちです。学期末になり、通知表に項目があったことを思い出し、大急ぎで音楽室に行って1曲聴かせて「感じたことをプリントに書いて！」なんてこともあるものです。

　また、リコーダーや鍵盤ハーモニカ等の楽器は1人1人個別に用意することが一般的なのに対して、鑑賞となると、音楽室に1台あるステレオで曲を再生し、それをみんなで聴き取る授業が一般的です。これでは、1人1人が自分の聴きたいところを繰り返して聴いたり、鑑賞したことを、それぞれ再生しながら説明したりすることもできません。ここに音楽鑑賞の学習が熱心に行われにくい原因があります。

　さらに、音楽鑑賞は発生してすぐに消えてしまう音の連続を聴覚で受信する活動のため、お互いの鑑賞したことを説明する際の根拠を示すことが難しいのです。国語の時間の読み取りであれば、〇ページの□行目にある「……」という部分を、と根拠を示すことができますが、音楽の場合は、「さっきのシンバルがジャ〜て鳴ったところが……」と説明するのがやっとで、お互いに根拠を共有して説明し合うことが難しいのです。

　そこで本実践では、動画編集ソフト[*1]に楽曲を入れ、1人1人個別に鑑賞できるようにしました。図1がその画面です。カーソルを動かすことで楽曲のどこからでも再生することができ、タイムライン上にある〇分〇秒表示を友達と話す時の根拠とすることができます。

図1　動画編集ソフト画面

＊1　本実践では、「Windowes movie maker」を使用。

目標・学習・評価の設定

　歌劇「カルメン」は、シンバルの音色が印象的な賑やかな場面とゆったりと展開する場面が繰り返し出てきます。それぞれの場面に合う画像を当てはめることで、楽曲の構造を可視化して理解しやすくしようと考えたのです。

　授業では、導入時に動画編集ソフトの使い方を説明しました。また、音楽トラックにカルメンの音楽を入れ、画像の部品を入れたファイルをサーバーに保存し、子どもたちはそこにアクセスしてそれぞれのフォルダにダウンロードして、学習を始めました。

　子どもたちはヘッドフォンで音楽を聴いている時は、授業者の先生には子どもたちの聴いている音は聞こえませんが、再生される音楽に沿って動くカーソルの位置と子どもたちの当てはめた画像で、楽曲のどのあたりを聴いているかがわかります。これは、子どもたち同士にも言えることで、カーソルが自分と同じ場面の子が、どの画像を当てはめているのかがわかり、それをきっかけにして対話が始まることもありました。これにより、学習者が楽曲のどの場面を聴いて、どのように感じているのかを可視化することにしました。

　また、子どもたちには動画編集画面と対応させてつくった鑑賞用ワークシート（図2）を配付し、鑑賞した内容を記入することとしました。

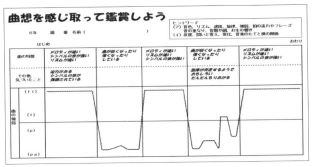

図2　鑑賞ワークシート記載例

鑑賞用ワークシートは、動画編集ソフトで画像が変わる場面ごとに区切られており、子どもたちが変化を感じ取った場面ごとに感じたことを記入することとしました。また、ワークシート上段には、「楽曲の特徴」、中段には「気づいたこと」を記入し、下段には「曲の強弱」について感じ取ったことを、上方向を ff（フォルテッシモ）、下方向を pp（ピアニッシモ）とした棒線で表すこととしました。

 ## 学習の様子

以下は、動画編集ソフトで「カルメン」を聴きながら、シンバルの画像と「？」の画像を画像トラックに当てはめる場面の会話です。子どもたち同士で相談しながら何度も繰り返して楽曲を聴き、曲想が変わる場面を探しているのがわかります。

児童B　ここら辺から変わってるよね。①

児童M　どこどこ？②

児童V　……ということはここ（の場面）はシンバル（の画像）？③

児童B　何秒？　どうやって戻すの？

児童M　ここを押す。

児童B　OK！

児童V　ジャンジャガジャガジャガジャンジャガ……♪

児童B　わかんない。なんか暗い感じ……。

児童M　とりあえずシンバル（の画像）じゃないところは「？」にしとく？
　　　　……もう1回再生して……④

児童V　やっぱりここはシンバル（の画像）使ってるよね！　聴いてみて！⑤
　　　　……もう1回再生して……

児童V　わかる？　ここ？

児童B　そうだね！⑥

この場面では、①で児童Bが「ここら辺から変わっているよね？」と発話して児童Mや児童Vに確認しています。それに応えて児童Mが「ど

こどこ？」と聞き返し、①で「ここら辺」と曖昧だった曲想の変わり目を明確にしようとしています。そこで児童Vが③でその場面に合う画像はシンバルの画像であることを確認しようとしています。児童B、M、Vの3人は④で再度聴き直し、⑤で児童Vがやっぱりシンバルの画像が当てはまることを提案し、その後再度聴き直して⑥で同意しました。

　このように、どの画像を当てはめるのかを考えながら何度も音楽を聴いて話し合い、感じ取ったことを確認していました。

 ## 評価・ふり返り

　授業後に、鑑賞用ワークシートに記載された内容を分析してみると、「場面ごとの特徴」について記述できた子が34人中33人、「楽曲の構造」について記述できた子が30人で、たくさんの子が「場面ごとの特徴」や「楽曲の構造」に着目して「カルメン」を鑑賞できたことがわかりました。鑑賞用ワークシートには以下の記述が見られました。

【場面ごとの特徴】
・最初の第1場面ではテンポがはやくて、強い感じ。

【楽曲の構造】
・4場面では、2場面と少し似ていました。なめらかで交差するみたいに旋律が変わっておもしろかったです。

【楽器の音色と効果】
・シンバルで盛り上がっていてその中でもバイオリンがきれいな音を出していました。

　また、「音楽鑑賞が好きか」等は、質問調査でも有意な向上が見られ、子どもたちは音楽鑑賞が好きになったことが確認できました。なお、この実践研究の成果は、日本教育工学会の論文誌に掲載されています。

　水落芳明・松風幸恵・竹内智光・桐生徹・神崎弘範「Windows Movie Maker による楽曲構造の可視化による音楽鑑賞に関する事例的研究」『日本教育工学会論文誌』35 (Suppl.),日本教育工学会，2011.12,pp.181-184.

（水落芳明）

だから、この実践は成功する！

齋藤　これって小学校現場の実態を知っている水落さんならではの実践ですね！

水落　ありがとうございます。どのあたりでしょう？

齋藤　学期末にバタバタ……と鑑賞の学習をやるところです。でも、それでは、子どもたちの感性に任せっきりで、学習を深めていくことができないですし、音楽鑑賞の楽しさも広がっていかないでしょうから。

水落　ありがとうございます。本当にそうだと思うんですよ。中学生、高校生が電車の中などで、ヘッドフォンをつけて音楽を聴いている姿って、よく見かけますけど、音楽鑑賞の授業が楽しみだったって話はあまり聞いたことがありません。そこをなんとかしたいんですよね。

齋藤　なるほど。その通りですね！　この学習って、子どもたちの鑑賞した内容が画面上に画像として見える化されるじゃないですか。私、この見える化って言葉が大好きで、プログラミングやICTを使った学習のポイントだと思っているのですが、その見える化によって、子どもたち同士で鑑賞している内容がお互いにわかり、対話的な学びにつながっていくと思うんですよね。もちろん、先生にとっても評価の情報になる。

水落　嬉しいですね。そうわかっていただけると。

齋藤　それに、対話によって学びが深まっていくことにもつながりやすいと思うんですね。

水落　……というと？

齋藤　見える化されることによって、情報量が圧倒的に増えますから。

水落　なるほど〜。お互いの鑑賞している内容について、わかり合うための情報が増えるので、対話が空中戦にならずに済むってことですね？

齋藤　はい。そうすれば、お互いの鑑賞に本当に共感し合ったり、違いに気づき合ったりして、それを楽しむこともできると思うんです。

水落　そうなれば、音楽鑑賞の幅は広がっていきますね！

授業での子どもからの提出物をペーパーレスにする ～Google Classroom～

こんな環境、方法、ツールを必要としている！

　バンザイ！　１人１台の PC またはタブレット環境が整いました。または、児童生徒のスマホを授業で活用してもよいことになりました。

　さてさてそうなった時、いざ、何をどのように活用したらいいのかわからなくて困っています……、という方や学校、学年、学級にはまず「Google Classroom」を使ってみることをおススメいたします。

アプリ、ソフトの紹介

　Google Classroom は Google のサービスの１つです。「Google と米国内の教育者が協力して構築した Classroom は、教師による課題の管理をサポートするシンプルで使いやすいツールです。Classroom を利用すると、教師はクラスの作成、課題の出題と採点、フィードバックの提供などを１か所で行え」[1]ます。無料で使えるようになっていて、PC、スマホ、タブレット

どれでも活用できます。

　（別に紹介している）他の（Google ドキュメント等の）例えば Google サービスと連携することで児童生徒の機器へ課題を配布したり、課題への解答を回収したり、共同で文章を編集したり、互いにコメントをやり取りしたりできます。教育関係者には無料で使えるようになっています。

なぜこのアプリ、ソフトを使うのか

　授業で１人１台の PC、またはタブレット環境が実現した時に個人的に優先順位の上位におきたいことは、紙の使用量を減らすこと、ICT だ

＊1　Google for Education「Classroom で指導と学習を管理する」https://edu.google.com/intl/ja_ALL/products/classroom/?modal_active = none

からこそ授業内での効率化を図ることです。

　授業中に配布する紙としては、「授業開始時の資料」「授業中心に活用するワークシート」「授業の終わりに使う（ミニ）テスト」などが考えられるでしょう。Google Classroom を使えば、これらの一斉配信と集約が簡単に行えます。その結果、用紙の印刷配布の量が大幅に減ります。あまり議論されていませんが、1人1台の PC、タブレット環境が実現したとして児童生徒用の机はどうなるのでしょうか。もし、同じままだったら教科書、ノートに加えて PC、タブレットを置くことになります。こう考えると、よけいに PC、タブレットを目的や用途に応じて教科書やノート代わりにし、紙の使用量を減らすことを考えた授業を考えることが求められます。有料アプリやサービスでも実現できますが、必要最小限の機能がついていて気軽に手軽に使える Google Classroom を活用してみることをおすすめします。

　前頁の画面は、大学での授業の記録です。1冊の本を授業参加者と協働で読み取っていきます。残り20分くらいになったら「本日の学びについての感想を書いてください」とわたしが用意した「質問」に各自答える（書く）形で振り返りを書きます。互いの振り返りを見てコメントを書き合えるように設定しています。積極的にやりとりすることを推奨します。授業後わたしがコメントを書き加えます。

代替アプリ、ソフト、サービス

　「Schoolwork」は、Apple の「Google Classroom」に相当するサービスです。ただし、サービスが始まったばかり[2]であること、サービスが Apple 製品に限られることが一番手としておススメできない理由です。また、教師と児童生徒との情報の共有だけを考えれば「ロイロノート[3]」「MeTaMoJi ClassRoom[4]」といった授業支援アプリケーションでも Google Classroom のようなことは実現可能です。　　　　（阿部隆幸）

＊2　2018年サービス開始。https://www.apple.com/jp/education/docs/getting-started-with-schoolwork.pdf#search＝%27Schoolwork%27　＊3　https://n.loilo.tv/ja/
＊4　https://product.metamoji.com/education/index.html

座談会

ICT、AI ×『学び合い』で学校教育はどう変わるのか

八代一浩（山梨県立大学国際政策学部教授：CSCL開発担当）
水越一貴（株式会社デジタルアライアンス：CSCL開発担当）
高橋弘毅（長岡技術科学大学大学院工学研究科准教授：データマイニング担当）
大前佑斗（日本大学生産工学部助教：AI開発担当）
大島崇行（上越教育大学教職大学院准教授：授業実践分析担当）
榊原範久（上越教育大学教職大学院准教授：授業実践分析担当）
水落芳明（上越教育大学教職大学院教授：授業実践分析担当）

 edutab の始まり

水落　edutabチームは、授業実践担当（水落、大島、榊原）、CSCL開発担当（八代、水越）、AI担当（高橋、大前）の『学び合い』で成り立っています。それぞれ専門分野の異なるメンバーが目標を共有し、それぞれの得意分野を生かして協働し、成果を分かち合うWeなチームなのです。Society5.0と呼ばれるこれからの時代は、1人の天才が世の中をリードするのではなく、異分野の人間同士の協働によって成り立つとも言

われます。この座談会では、そのチームがどのように出会い、『学び合い』ながらedutabを作ってきたのか、そして、ICTやAIと『学び合い』が出合うことで、これからの教育がどう変わっていくのかを探ってみたいと思います。では、キャプテンの八代先生、まずはedutabを作ることになった経緯から聞かせてください。

八代　はい。もともと、私の大学には日本語教員養成課程があり、県内にはブラジル

人日本語学校があって、そこでうちの学生たちが教育実習等で交流があり、遠隔で日本語を教えていたんですね。当時はホワイトボードを使って、日本語を読んだり書いたりしていました。それで、ちょうどその時に、iPad 2[*1]が出て、これを使えたら面白いんじゃない？　と思い、開発を始めました。水越さん、そうでしたよね？

水越　そうですね。iPad の 2 が出た時でしたね。

水落　なるほど。iPad 2の登場がきっかけになっているんですね！　水越さんはその頃はどんな風に関わっていたんですか？

水越　最初はブラジル人日本語学校の生徒と山梨県立大学の学生さんが遠隔で日本語を教えるためのテレビ会議システムの運用サポートをしていました。その授業でホワイトボードを使って書いたものをテレビ会議システムに向かって見せている様子を私たちが横から見ていて、これってITの技術を使ったら解決できるかもって。

八代　そうそう、「先生の道具箱」みたいなのを作れたらいいよね、って始めたんです。

水越　ちょうど、HTML 5[*2]という技術が出てきた時期で、それを使うとリアルタイムに Web ブラウザ上で通信ができるということがわかりました。リアルタイムで通信ができるんだったら、遠隔で共有できるホワイトボード機能をもったアプリケーションを作れるんじゃないか、と思って作成を始めたんです。

八代　そこから 2 年くらい経った時に、これって別に遠隔じゃなくても

＊1　日本では2011年4月29日発売。
＊2　HyperText Markup Language の頭文字を取って、HTML。ウェブページを作成するための言語。
　　HTML 5 は、その5回目の改訂版。2014年10月勧告。

いいんじゃない？　ってことになったんですよ。遠隔の両端を同じ教室内にもってきたと思えばいい、という発想でした。だったら小さくしたほうがいいよね、ってことになり、ラズベリーパイ[*3]を使うようになったんです。もちろん、PCに入れることもできましたが、そうすると先生方が1台1台にインストールしなくちゃいけないという手間が発生してしまうんです。そのため、ブラウザ[*4]上でできたほうがいいってことになりました。それで、実際に小学校の教室に行ってみたら、大体Wi-Fiないじゃん！　ってびっくりしたんですよね。だったら、Wi-Fi機能もみんな1個のボックスの中にまとめてしまえば、楽にできるなって思ったわけです。

水落　そうやって、IT専門家のメンバーが学校現場を見て、問題を解決しようというきっかけがあったわけですね。

大島　僕たちが学会で、このedutabを研究発表し始めた頃は、なぜラズベリーパイなんだ!?　って結構言われたんですよ。

水落　そうそう、なんでそんなチープな道具を使うんだってね（苦笑）。

大島　はい。PCに入れて、もっと高度な機能をもたせたらいいじゃないかって。

榊原　たしかに言われましたね。でも、そこはジレンマもありましたよね。「先生の道具箱」っていうコンセプトで、安くて誰でも手に入るものを提供したいという理念を守りつつ、よりいいものを目指すというのは、僕はとても納得しています。

八代　なかなか納得してくれない人もいますけどね！

一同　爆笑。

水落　その頃、高橋先生はどう関わっていたんですか？

高橋　その頃は、山梨英和大学に在籍していて、当時、山梨英和中学校・

＊3　イギリスのラズベリーパイ財団によって開発された超小型（カードサイズ）のコンピュータ。教育利用想定で開発されたため、安価（数千円）。初代は2012年2月発売。

＊4　ウェブサイトを閲覧するためのソフト。例えば、「Internet Explorer」「Microsoft Edge」「Google Chrome」「Safari」など。

高等学校で iPad を 1 人 1 台導入していました！

一同　早い！

高橋　その時は、校内のチームを率いながらもアプリのインストールと
Wi-Fi の管理などで手一杯で、なかなかカリキュラムを考えるところま
では頭が回りませんでした。そんな時に、八代先生たちに出会ったので
すが、小さいラズベリーパイにそのような機能を入れて、子どもたちが
みんなでアクセスするという発想は、画期的でしたね！

水落　それは、誰が考えたんですか？

八代　水越さん？

一同　おお〜っ！　いい仕事をしていますね〜（笑）！

水越　今はラズベリーパイっていろいろなところで使われていますけれ
ど、当時はたしか、ラズベリーパイが出始めたばかりでした。この小さ
な道具だけで、コンピュータのサーバーのように動かすことができる！
と興味をもって使い始めたんです。

八代　そうでしたね。

水越　それでやっているうちに、もしかしたら、edutab の機能をこれに
全部載せられるんじゃないかって思い、あれこれ設定しているうちに、
今の edutab の原型モデルができたんです。

 ICT、AI によって『学び合い』が可視化される!?

水落　ここでは、CSCL（前掲、Computer Supported Collaborative Lear-
ning）、簡単に言えば ICT を使った『学び合い』について話してみたい
と思います。こういった CSCL のシステムはこれからの授業にどのよ
うに影響を与えていくでしょうか？　大島さん、いかが？

大島　はい。今回の学習指導要領改訂で、「公正に個別最適化された学
び」というキーワードが出てきました。このシステムはそれをサポート
する道具として可能性が高いものだと考えています。ただ、これから、

子どもたちの個別化された学びをどんどん進めようといった時に、子どもたちがお互いのやっていることがわからない、という状況になってしまうことが危惧されます。そうなると、学校にみんなで集まって学ぶ価値というのがなくなってしまうと思うんですよね。

水落　ほ〜。遠隔地の教室同士でも自由にお互いのノートを閲覧し合えるとなれば……？

大島　そうですね。同じ教室内のCSCLでもそうですし、教室の外に出た学びでも、お互いの考えを知ることができる、というのは価値があることだと思っています。

水落　その遠隔授業については、榊原さんがこの前、edutabを使って授業をしましたが、実際に使ってみた印象はいかがでしたか？

榊原　そうですね。このシステムを遠隔授業で使うのは初めてだったのですが、最初はうまく使いこなせなかったですね。

水落　遠隔授業でテレビ電話がつながっていると、それを中心に考えてしまって、台本通りに交互に発表し合う授業進行になってしまいますよね？

榊原　はい。それが、こういうシステムの登場によって、リアルタイムで離れたところにいる子のノートもお互いに見えることによって、インタラクティブなやりとりができるようになったのは大きな進化ですし、それにともなって私たち授業者側も進化していかなくてはならないなと感じました。

八代　これは遠隔授業だけではなく、同じ教室内でも子どもたちがお互いの状況が閲覧可能な授業になりますので、先生が使いこなすにはスキルアップしなくてはいけないな、というのは感じましたね。

水落　たしかに『学び合い』に慣れた子どもたちでしたら、子どもたちが自由な発想で使っていくというのはあるかもしれませんが、一斉授業スタイルですと、先生が扱う情報量が増えるわけですからね。スキルアップが必要かもしれませんね。edutabの開発当初は、一斉授業スタイ

ルで使うことをイメージしていたんですか？

八代　はい、そうです。ただ、使っているうちに子どもたちが「これ、テレビのクイズ番組みたいだよね！」って言ったんです。

水落　ああっ！　○○さんの答え、ドン！　って大写しになる番組ね？

八代　そうそう。だから、そうやって子どもたちが使い慣れていくのに合わせて、先生も使い方を考えられるようになっていた部分もありますね。それは、私たち開発側にとっても嬉しいことであって、授業で使っているうちに、「こういう機能がほしい」という声が上がってくるようにり、バージョンアップにつながっていった部分もありましたね。

水越　そうそう、背景色の色を変えられるようになったのも、もともと「クイズ番組みたいだね！」ってところから、３択問題や２択問題みたいなものに対応して、背景色を変えられるようにバージョンアップしたんでしたね。

水落　それは、上越の授業実践チームから「こういう機能をつけてくれ」みたいな無理難題が届いて、実際は腹を立てていた、ということですね!?

水越　そんなことないですよ〜（笑）！

一同　爆笑。

水落　では、そういう授業実践→機能追加→授業実践→機能追加という流れの中で、授業中に扱う情報量が増え、スキルアップが必要になっていった。だから、それを支援するために AI の力を借りようじゃないか、ということになったんですね？

八代　そうそう。

大前　今まで教育工学の世界で行われてきた AI 活用の研究は、大体が e-learning で、１人の子どもが行う学習の研究が中心で、協調学習とはほど遠いタイプのものだったんです。

水落　子どもたちの相互作用は意識していなかった、ということですか？

大前　そうですね。特にこの『学び合い』のように、複数の人間がわ〜って交流する学習の中でAIを投入するというのは、相当難易度が高いと感じましたね。

水落　おっと〜！　なんてチームに入っちまったんだ！　と思っちゃったわけですね（笑）！

一同　爆笑。

大前　いやいや、そういうわけではないんですけど。私の意識の中で、人の動きを解析する方法は動画しかなかったんですよ。あるいはこれまでのe-learningのようにコンピュータ上で取れる操作ログしかなかったんですね。

水落　じゃあ、『学び合い』のように複数の人間がごちゃごちゃ動き回る学習にAIを入れよう、ということについてはどう感じましたか？

高橋　まず大前提として、『学び合い』って複数の子どもたちがごちゃごちゃしているんですよね。先生にとっても子どもたちにとっても、あの学習の中で何が重要な情報なのかっていうのが、なかなか見つけにくかったと思うんですね。AIを導入する前に、そういった情報を選んで可視化する必要があるね、と大前先生と話していたんです。

大前　そうでした。

高橋　その情報を選んで可視化できるとしても、その選んだ情報をどういう形で先生や子どもたちに見せてあげればいいのかは、私たちには最初はわからなかったんです。何度も授業を見たり、このチームで相談する中でそれがだんだんとわかってきました。

榊原　学習状況の可視化、というのは本当に価値があって、先生にとっても子どもたちにとっても有り難いと思うんですね。ただ、情報が多すぎると、先生もその情報をさばききれないわけです。ですから、AIに助けてほしいと思いました。AIが「もっとここにアプローチするといいよ」とメッセージをくれるのは助かりました。

水落　そのAIにどんな情報をフィードバックしてもらうといいのかを

考えた時って、『学び合い』の中で、自分が先生としてどんな情報をさばいてきたのかについて、再検討させられる感じでしたね。

榊原　まさにそうでしたね。

水落　実際の授業では、教室のあそこで盛り上がっているな、とか、今は沈滞しちゃっているな、とかわかるわけじゃないですか。それをどうして私はわかったのか？　というのを1つ1つ再検討させられましたよね。それでわかったことを、AI担当の大前先生や高橋先生に伝えるわけですね。私たちにはAIのことなんてわからないから。

一同　笑。

水落　そうすると、edutabに今までと違う機能がついて返ってきた、ということですね。

榊原　そうそう。そういうのがほしかったんです！　って感じでしたね。困った感を伝えると、便利なものを作り出してもらえる、という感じでしたね！

高橋　そこは大前先生がたくさん担当してくれているわけですが、逆に私たちのようにデータサイエンスをやっている人間にしてみると、先ほど話に出た授業中の感覚ってわからないんですよ。どこが盛り上がっているとか……ね。まあ、大学の講義である程度はわかるのかもしれませんが。

八代　いやいや、わからないですよ。特に『学び合い』は（笑）。

一同　爆笑。

高橋　だから、あの感覚的な世界を伝えていただいて、私たちが作ってフィードバックするというのが重要だと思うんですね。異分野の人間同士が協働する価値というのを、このチームの仕事をしていると感じますね。

榊原　話を戻しますが、1つの教室の中でなら、この子がこの後こう動きそうだなっていうのはある程度、予想ができます。ただ、遠隔授業になってくると、それは難しくなりますよね。どの子がキーマンなのかが

わからないですし、肌感覚みたいなものは画面を通してではわからないですので。

水落　それがAIの力でわかるようになってきた、というのは画期的ですよね。

大前　ああ。「頼られている度合い」のデータ化ですね。それは、遠隔授業でも教室の中にいる子ども同士は、「どの子が頼れるか」というのを認識して学び合っているわけですから、その子たちの行動を測定すれば、「どの子が頼られているのか」は検出できるわけです。それに関わっているのが、edulogの機能です。あれがなかったら今の研究成果は何もなかったでしょうね。とにかく人間の動きを測定することから始まるAIにとって、edulog機能によって、人間のほうからAIにその情報を送ってくれることが可能になった、ということです。あれが画期的でした。

水越　edulogの元々の発想は、八代先生がLINEのトークみたいなことができないかな、と言ったのがスタートでした。画面の左右で、先生と生徒がやりとりしているみたいに図として表せるといいよね、ということから始まりました。

水落　edulogの話が出ましたが、大島先生は、子どもたちのやりとりをログとして残していく、ということとは違う視点で研究をしていますよね？

大島　そうですね。Society5.0の時代を迎えると、授業や子どもたちの学習の様相もこれまでとは違うものを求められるわけです。そうなった時に、先生の側としても自分の考えなり授業観をアップデートさせていく必要があります。ところで、教師の参観に関する先行研究を調べると、教師としての授業の見方というのは凝り固まる恐れがあるということがわかりました。そこでedulogを使って観察することにしました。つまり、参観する先生がどのように参観したのかをログとして残す授業参観調査をしてみたのです。そこでわかったのは、6人の参観者がいると6通りの見方がある、ということでした。人によって見ているものが

全然違うんですよね。それって実はその参観者の中に埋め込まれた教育観のようなものが可視化された、ということだと思うんです。そして、その教育観は授業をする時にも影響してしまいます。ですから、取りこぼしがあったりとか勘違いがあったりとかしてしまうわけです。そこでedulogを使って、お互いの授業の見方を可視化し合うと、「ああ、こういう見方があるんだ！」「自分はこの見方ができていなかったな。」というのがわかる。それが教師同士の『学び合い』になって、教育観のアップデートにつながっていくと考えています。

水落　なるほど。自分でも意識していなかった自分の癖に気づかされる感じですね。そのedulogにAIが入ってきたのは、どういうきっかけでしたか？

大前　edulogは機能としては、いろいろな人の見方、考え方を見えるようにできる、ということですが、裏側では、いつ誰がどんな情報を参照しているのかという時間や行動に関するビッグデータをとっているわけです。それで、そのデータをとることにしたきっかけは、古屋達朗先生（現：山梨大学教育学部附属小学校教諭）がそういう記録を手作業で集計していることを知ったからです。どの子が何時何分何秒に○○さんの画面を見始めて、何時何分何秒に見終わったというのを手作業で記録していたんです。それで、「この作業、いつになっても終わらない！」って水越さんのところに相談したんでしたね。

水越　そうそう。終わらないってことで苦しんでいたので、じゃ、それを集計するプログラムを書きますね！　ってことになったんです。その話が大前先生に渡ったんですね。

大前　そうでしたね。最初はエクセルを使ってそのプログラムを書いたのですが、そのデータを見ていると、「このデータって学習者の行動を定量的に測定しているんだな」ってことに気づいたんです。これまでの研究ですと、学習者の行動の定量化については、大体動画分析が中心だったんです。でも、このedulogのプログラムですと、学習の操作ログとい

う形でデータ化できたんですよ。そうすると、ビデオカメラとかを介さずに、今あるタブレットの環境のみで、学習ログを定量化できるという発想になりました。そうすると、それを授業中にリアルタイムでAIに学習させてやればいい、という話に私の中では自動的になります。そうなれば、AIがなんらかのサジェスチョンをするものは作れるなって思いました。ですから、必要だから作ったというよりも、作れる条件が私の前に出そろっちゃった感じです。たしか、あれはファミレスで古屋先生とご飯を食べながら話している時で、「じゃ、その時もっている授業のデータをAIに入れて予測させてみましょう」ということになり、「こんな感じのができますけど……」「こういう行動をとっている子はこういう結果を予想できますよ」って、その場でできたんです。

八代　それが1日でね。

水落　ご飯を食べている間に？

大前　はい（笑）。

一同　爆笑。

大前　そして、これをedutabボックスの中に組み込めれば、授業中にリアルタイムで解析できますよねってことになったんです。

水落　それいつ頃ですか？

大前　2年くらい前ですから、2017年でしたね。

 ## 異分野の人間同士が協働するって楽しい！！

水落　今の話を聞いていると、とにかく「困った！」と言ってみるもんだな、と。そうすればドラえもんみたいに何か出してもらえるって感じですね。

榊原　学校現場としては、「困り感」はたくさんありますので、実践を想像した時に、こういう技術があったらいいのに、ということを伝えると、早ければその日のうちに、もしくは翌日には形になって返ってくるとい

うのは助かりますね。

水落　それこそが、Society5.0に向けた教育に求められることですよね。『学び合い』なら、子どもの頃からそのトレーニングをできる。自分とは異なる能力を引き出し合いながら、価値あるものを生み出し、成果を共有する人間業を伸ばしていくわけです。だからこそ、この本に紹介した成果をたくさんの人に共有してほしいですね。「開かれた教育課程」が求められるのには、そうした背景があり、これからはもっと学校の先生方が異分野の人たちと出会う機会が増えていくでしょう。

大島　学校の先生ってマルチな能力を求められますので、その分幅広く力を伸ばすことが中心になってしまい、ピンポイントで突き詰めて、新しいプログラムを作ろうか、というのは難しいんですよね。ICT でがんばろうって思っても、やはり限界がある。これから先は、水落先生がおっしゃったようにますます「社会に開かれた教育課程」が求められます。その中で教師が1人の力で解決しようとするのは難しい。また、教師は同質の集団ですから教師集団だけでは解決しないことも多々生まれるでしょう。そこで、様々な分野のプロフェッショナルとつながっていくっていうのは、すごく大事なことなんだなって思います。

榊原　そうそう。edutab の話に戻すと、できあがったインターフェイスを見た時に、これだと子どもたちにとっては、このボタンを押した後にこの画面が出てほしい、っていうことがあるんですよね。先生の立場から見ても、一覧表示だとしても、扱いやすい情報の入り方があると思うんです。この情報は帯グラフでほしいとかって。細かなことだったり、つまらないことだったりするんですけど、そういうやりとりをスムーズにできるのは、このチームの強みだなって思います。

水落　確かに、はじめの頃は「こんなこと言っちゃって大丈夫かな？」っていう遠慮があったもんね。今はもう厚かましく何でも注文するけど（笑）。

一同　爆笑。

水落　それって、はじめの頃に遠慮がちにした注文に、感動してもらえたのが大きかったなって思うんですよね。コンピュータのプログラムやAIみたいに、私たちには逆立ちしたってできないことをやっている人たちから、私たちがやっていることもプロフェッショナルな世界としてリスペクトしてもらえたのが嬉しかったよね。

榊原　ああ、それは大きかったですね。

水落　私たちにしてみれば、当たり前のことなのにね。

八代　何て言えばいいのかな……。逆のこともありましたよね。学校現場に入っていくと。

水落　ほう。……というと？

八代　学校現場を観察していると、なんでこんなことをやっているのかな？　ってことに出合うこともあります。でも、現場の先生方は、考えていることをあまり言葉にしてくれない感じはありましたね。でも、上越教育大学の皆さんと出会い、そうやって考えているんだなってことが、ダイレクトに言葉になって返ってきましたので、それがすごく新鮮でした。

水落　ああっ！　共通言語として研究があった、ということですね？

八代　そうそう！　研究がやりやすくなりましたね！　現場の先生は、遠慮があるのだと思いますが……そこが難しい。

水落　通訳が必要ってことですか？

八代　そうそう、通訳が必要になってしまう。ですから、水落研究室OBの古屋先生と研究会で出会い、現場の先生方との間にも入ってくれるようになったっていうのは大きいですね。

水落　それって、このチームの中だって同じことありませんか？　例えば、CSCL担当の八代先生とAI担当の高橋先生や大前先生は、理系というくくりでは同じかもしれませんが、やっている研究はずいぶん違うわけじゃないですか。

高橋　そうですね。僕の場合は、できるだけ幅広い分野の皆さんとコミ

ュニケーションしていきたいと心がけています。例えば、ある手法について、どの分野にも同じように適応できるはずだと思うのですが、それをなぜか研究者はやろうとしない。自分の専門分野だけで、その専門性を追究することが多いように思うんです。でも、自分の専門知識を、例えば、今回のように教育の分野で学校の先生方と一緒に「こっちではこういう方法があるんだけど使えるよね？」って議論をして形にしていくのは、とても面白いと思うんです。そういう意味では、理系やデータサイエンスの業界でも、僕や大前先生は異端児なんだと思います（笑）。

一同 爆笑。

大前 私も同意しますね、その点。それに、データサイエンスって、昔は学術の分野として、立ち位置が不明確でしたからね。

水落 ほう!?

大前 だって、統計とか解析なんて誰でも研究者ならやるじゃないですか。大なり小なり。

一同 ああ、そうですね……。

大前 それを学問と呼ぶことに昔は抵抗があったんですよ。でも、データサイエンスの専門家としてやるんだったら、それをいろいろな分野に適応していくことが重要かなって思うんですよね。今、データサイエンスをやっているって名乗っているだけの人、結構いるような気がします。

水落 電卓持っているよ！　ってだけの人って意味ですか？

八代 そうそうそう（笑）！

大前 それくらいデータサイエンティストの定義って曖昧と言いますか……。私はそう考えて進んでいきたいと思っていますね。

水落 さて、こういうメンバーの中に、大学教員でも学校関係者でもない、企業人が１人入っています。それも儲けにならなそうなのに……。ねえ、水越さん。

一同 笑。

水越　確かに、今のところ、儲けにはなっていないですね。

一同　爆笑。

水越　そうですね。八代先生と出会って、お互い本業が別にある中で、一緒に趣味みたいに研究をしていたんですね。その過程でだんだんと研究の占める割合が増えてきましたので、一度会社に話してみたことがありました。そうしたら「やってもいいよ。」と許しをもらえましたので、利益は出ていない現状でも、そこに力を注いでやっていくことができるようになった、というわけです。

水落　それ、社長はなんで許してくださっているんでしょう？

一同　苦笑。

水越　なんででしょう……（苦笑）。うちの社長は今は経営をしていますが、もともと技術者なので、自分が現場に出て、現場に役立つことをするのが好きなんでしょう。それに、私たち技術者は現場に出て、いろいろなことを学んできたほうがいい、という考え方をもっているんだと思います。

八代　なるほど。でも、どこかで（利益を）回収しなくちゃね（苦笑）。

水越　どこかで回収しようと思っているのか、もしくはこれで回収できなかったとしても、教育というのは未来を創る産業だと思っているので……。

一同　おお〜っ！　美しい！！

水越　はい。教育は未来を創る産業だと思っているので、自分たちは他のことで稼いだお金を、社会貢献として還元していくということを考えているんだと思います。

一同　おお〜。素晴らしい……。

八代　すごいね！　ただ、edutabで利益が上がっていなくても、edutabがあることで、教育委員会等にネットワークをこうしてはいかが？というコンサルタントのような仕事をできる、ということはあるでしょうね。先を見ながら仕事ができ、未来の学校のイメージを自分たちの会

社で創り出せるわけですから。

高橋　それに関連すると思うのですが、うち（長岡技術科学大学）の学生にも、教育や AI に興味をもつ学生が出てきましたので、水越さんの会社で企業インターンシップという形で学ばせていただいているんです。ですから、データサイエンスの世界でも、こういう例がもっとメジャーになって、研究室では宇宙物理学のデータの解析や人間の行動解析の研究もしていますが、教育やもっと他の分野にも幅広く興味をもって活躍する学生が増えてきてほしいですよね。

水落　なるほど。ということは、edutab を使って子どもたちに授業すると、それだけでこういう世界に興味をもつ子どもが出てきても不思議ではないですね。

一同　そうだね！

榊原　そうそう。こういうのに触れさせてあげることが、新しい分野に興味をもたせる第一歩になるんでしょうね。若い先生方に対してもメッセージになりますし。

 ## edutab チームのこれからの展望とこれからの学校教育

水落　さて、では今後の展望についてはいかがですか？

八代　そうですね。今後の展望については、edutab やそれを使った授業デザインを普及させたい、ということがありますね。今、お金を稼ぐという話がありましたけど、お金を稼ぐというのは決して悪いことではなく、お金をいただくことで、こうした研究が継続的に実践可能になります。ですから、ぜひ、これを形にしたいと思っています。海外展開もしてみたいですね。

一同　おお〜っ！　キターッ！

八代　日本の教育って、少なくとも小学校段階は世界一だと間違いなく私は思っているんですね。中学高校へ行くと受験という要素が入ってき

ますので、別の意味合いが出てきてしまいますけれども。ですから、日本の小学校現場で磨かれたシステムを作れば、世界中どこへ行っても売れるんじゃないかな、って思っています。今年（2019年）は世界向けに英語で書いた本も出版できましたので。

高橋　そうですね！　普及も大切なことだと思います。もう1点重要なこととしては、今、遠隔教育で実践を重ねてきていることを考えると、さまざまなデータをネットを通してやりとりしているので、セキュリティ面が気になっています。どうセキュリティを担保してAIを活用していくのか。教育のデータは多かれ少なかれ個人情報にあたるので、どうやってセキュリティを担保していくのかが重要になってくると思います。特に、データサイエンスの分野においても、セキュリティが課題になってきていますので。

八代　なるほど。今、セキュリティに関しては先生たちの運用に任されているのが現状ですよね。それを技術的にサポートできないかな、と考えています。

水越　そうすると、子どもたちの名前と学習に関するデータを分離して扱う、ということが前提になってきますね。ローカルに表示する際には、合わせて表示するけれども、データを保存する時には、別々に分離して記号化して保存することが必要ですね。

水落　なるほど……。ただ、この本の中では、プログラミング教育に関する座談会のページもあり、そちらではセキュリティを考えすぎて、何も使えないような現場が出てきちゃっている、という問題も提起されています。それについては、いかがですか？

高橋　それについては、確かにありますね。このような今の時代だからこそ、学ぶ児童や生徒にもセキュリティのことを考えてほしいと思います。これが重要！　でも、そうすると先生方もセキュリティのことをきちんと理解していないとダメ。私たちがまったく想定していないような攻撃を受けたり問題が生じたりする可能性を考えないわけにはいきませ

ん。でもだからといって、ガチガチにして何もできないようなものにしていくのは逆に怖いことですよね。セキュリティ面をきちんと理解した上で、ものごとを進めていくのが重要だと思います。

水落　その点で、この edutab は、遠隔教育で活用する場合を除いては、無線のイントラネットで行うので、インターネット回線に接続する必要はありませんよね。

八代　たしかに外部からの攻撃については考えにくいです。つないでないんですから。ですが、USB に保存しておいたデータが、持ち出された時に流出するといった、アナログの危険性はありますよね。そういう運用の危険性は残る、ということです。

水落　なるほど。では、展望の話に戻します。実践担当としてはどんな展望をもっていますか?

榊原　はい。子どもたちが生き生きと使っている姿を実際に見ていますので、これをもっともっと広げていきたいと思っています。そのためには、授業する先生の意識を変えていくことが大切で、「ICT なんて使わなくたって……」というのではなく、ICT を普通に使える授業の世界に子どもたちを連れて行ってあげることが大切だと思います。ですから、私たち教育大学の教員としては、そういう教員養成の視点をもっていかなくてはいけないと思っています。

大島　1 人 1 台のタブレットを持つという政策が上がってきましたので、チャンスだなって思っています。今までは、ICT に対して、怖い、使うのが難しいと感じている先生方がいっぱいいらしたと思うんです。それと同時に、教室の隅っこに ICT がおかれて特別な時にだけ出してくるという状況もあったと思うんですね。でも、ICTって身近にあればあるほど気軽に使えるものになりますので、常に教室で使えるところに edutab があるという状況を作っていきたいですね。それで現場の先生方と話すと、いろいろなアイデアが出てきますので、このチームで想定していたもの以上の実践がどんどん出てくるんじゃないかなと期待して

います。

水落　あの、そうなると、例えば「個別最適化」のための実践を進めていくと、そしてそこに ICT や AI が入ってくるとなると、AI が子どもたち 1 人 1 人に適切な問題を提供して、添削や助言を AI が行い、次の適切な問題を提供していく……という取組が予想されます。でもそれが本当の Society5.0 に向けた「個別最適化」ではないんじゃないか、と思うんですね。私たちのチームの実践研究は、人間と人間がつながる手助けをするために、AI や ICT があることを前提としています。そのあたりの展望はいかがですか？

八代　個人的な見解としては、学校の勉強が知識を得るためにだけあるのでしたら、AI や ICT 対子どもたちっていうスタイルもアリだと思うんです。放送大学みたいに授業を見て知識を得るのだって、そういう意味ではアリですよね。でも、それって今求められている人材ではない。今は新しいモデルを生み出すことができる人材が、求められているわけです。ですから、学校で学ぶことというのが知識だけではなく、考え方だったり、新しいものを発想したり、ということが中心になってくるわけです。それをやるためには、1 人じゃできないと思うんです。やっぱり、学校の意味ってそういうところに発展していかないと、学校の存在意義がなくなっていくんじゃないでしょうか。

水落　対話的学びのできるところ、ですね？

八代　そう。発想したりしながら、創造的問題解決ができるところとしての価値ね。新しいビジネスモデルとしてはそういう方向に行きたいですよね。

水落　創造的問題解決っていいことですね。

榊原　個別最適化の学びを個業に追い込むようなものにはしたくないなって思いますよね。

水落　個別化じゃなくて孤立化になっちゃうもんね。

榊原　そうですよね。CSCLって、コンピュータに支援された協調学習

ですよね。それがこのチームの研究の軸でもありますので、私たちが開発したこのシステムを生かして、子どもたちの協働の機会をどう保障し、子どもたちをどうつないでいくのか、コミュニケーション能力も含めて伸ばしていくのかというところを目指していきたいと思っています。

水越　企業としては、利益につなげていくのは難しそうだなって思いますよね、やっぱり……。

水落　企業人としては、普通ならそこから考えるんじゃないんですか（笑）。

水越　たしかに、企業人のセオリーとしては、最初に面白いことだからやろうだけではなく儲けることも考えて、じゃあ儲けるためにはどうしようっていう手順なんでしょうけど、う〜ん。それでも、教育がうまく展開していくってことをまず考えて、そのためには継続的にやっていく必要があるから、その継続のためのお金を確保していくっていうビジネスができればいいなって思います。

水落　やっぱり、最後はみんなで成果を共有する We が大切だってことになるんですね！　ありがとうございました。

コラム ② ノート機能はこのサービスですべて揃う ～G Suite for Education～

こんな環境、方法、ツールを必要としている！

　教員たちにも児童生徒にも、ある程度の ICT 環境が揃ったとします。さて、次に必要となるのはソフトウェアです。最近ですと、スマホやタブレットを中心に、各教科内容に特化した子どもたちが楽しみながら学べるような工夫がされたアプリがたくさんありそうです。

　しかし、ちょっとお待ちください。その前に、読む、書く、計算する、表現する……などの当たり前のソフトウェア、いわば汎用的なソフトウェアが必要ではありませんか。そうです。つまり、ワープロ、表計算、プレゼンテーション、データを保存する場所（クラウド）、手帳（スケジュール管理）などです。これらの問題を一気に解決するのが「G Suite for Education」です。

アプリ、ソフトの紹介

　　　　　　　　　　　Google では Gmail をはじめ、無料のサービスが数多く存在しますが、これらを統合して教育機関向けに提供するプログラムが「G Suite for Education」です。メール機能の Gmail や Google カレンダーはもとより、ワープロとして「Google ドキュメント」、表計算として「Google スプレッドシート」、プレゼンテーションとして「Google スライド」などがあり、これらを（先述した）「GoogleClassroom」が統括するような形で成り立っています。これらのサービスを利用するために必要なクラウドの容量は無制限となっており、容量の心配をせずに活用できます。また、これらのサービスはすべて Web 上で（スマホやタブレットはアプリとして）提供されており、共有や共同編集が簡単にできるようになっています。

なぜこのアプリ、ソフトを使うのか

今どきの PC、スマホ、タブレットであれば最初から何らかのワープロ機能、表計算機能……が装備されていることと思います。それでもこのサービスをおすすめするには３つの理由があります。

１つは PC、スマホ、タブレット、どの環境でもすぐに始められることです。Google のサービスが使える環境であるならば、すぐに使えて情報を一括管理できます。

２つは情報の共有と共同編集（コラボレーション）が簡単にできることです。上の画面はある文章に複数人がコメントを入れているところです。データに感想や意見を入れることもできますし、データそのものを複数人が操作して作っていくこともできます。個別と協働の学びを進めていく上で大切です。

３つは環境が変わっても使い続けられることです。データが Google Drive というクラウドに一元管理されますので、例えば、年度が変わって OS が異なる機種に変更になったとしても今まで蓄積してきたデータを同じ使用方法で活用できます。機種変更の負担がなくなります。

代替アプリ、ソフト、サービス

iPhone や iPad には「Google ドキュメント」の代替として「Pages」、「Google スプレッドシート」の代替として「Numbers」、「Google スライド」の代替として「Keynote」があり、いずれも Google のものより高性能です。しかし、Apple 製品だけの対応である等、学級集団や学校集団での情報の共有化を考えた場合、環境づくりが複雑になります。

他に、単体で無料のワープロアプリ、表計算アプリ、プレゼンテーションアプリ等々は数多くありますので、お気に入りを見つけて全員で活用するという方法も考えられます。　　　　　　　　　　　　　（阿部隆幸）

第2章

プログラミング教育とは何か、
なぜ今、プログラミング教育なのか？

齋藤　博

1. 児童生徒に1人1台のパソコンが配られる驚き！

　令和元年末、ついに小中学校の児童生徒に1人1台のパソコンが配備されることが決まりました[1]。現状から考えますと、階段を一歩のぼったどころか、数十段を飛び越した感のある決定に驚き、期待を抱くとともに、授業で使いこなせる学校、教師がどれだけいるのだろうか……と心配にもなる決定でした。1つ言えることは、数年先の教育は大きく変わり、教師もICT機器を自由に使いこなせる存在になっていなくてはいけないということです。

　私は、工学部の応用化学科出身です。今から37年も前の話ですが、ちょうどMicrosoftがIBMと共同でMS-DOSというソフトウエアを出し、NECがPC-8001というパソコンを初めて発売しました。私は自分

1979年発売のパソコン
「PC-8001」のイラスト

で使えるパソコンがほしくて、父親にねだり、この高価なパソコンを手にしました。私がパソコンを買ったことを聞きつけた友達から、「なんでパソコンなんか買ったんだ。応用化学科なのに。」と言われたことを今でも覚えています。当時は、コンピュータが化学に利用できるなんて思えない時代だったのです。今は、どんな学部にいてもコンピュータが不要なんて考える人はいないでしょう。

　国は2023年までに「1人1台端末」を整備する「GIGAスクール構想」を発表しました。数年先の学校では、児童生徒1人1台のパソコンは当たり前の世界になり、先生方が今以上にパソコンを便利な道具として使いこなしていることでしょう。本章では、そんな未来をイメージしながら、プログラミング教育の必要性や夢を伝えたいと思います。

＊1　政府は、2019年12月5日の臨時閣議で事業規模26兆円の経済対策を閣議決定。その柱の1つとして、2023年度までにすべての小中学生が1人1台パソコンなどの学習用端末を利用できるようにするとした。

2．教師自らがプログラミングの楽しみを体験する
ところから始めよう！

　プログラミング教育について聞くと、

・学びたいけれど、忙しくてそれどころじゃない。

・新しいことを始めるのは億劫だ！

・何から始めたらいいのか、さっぱりわからない。

といったネガティブな回答が出されることでしょう。しかし、プログラミング教育は、その気持ちを打ち破ることができるくらい楽しい学習です。

　例えば、苦労して作ったプログラムが思い通り動き、画面の中で「ネコ」が走り回ったり、ロボットが動いたり、人が来たらセンサーが感知して光ったりと、わくわくの連続です。

　こんなプログラミング体験を通して感動した経験を、きっと愛する子どもたちにも教えたいという気持ちになるはずです。

　また、プログラミング教育は今までの教科とは違って、**子どもたちが自ら試行錯誤を繰り返して進める側面のある学習**です。ですから、教師がありとあらゆるコンピュータの知識をもっていなくてもいいのです。

　さらに、コンピュータを扱う上でハードルになっていたプログラムも、今ではブロックを操作するだけで直感的にできるようになっており、専門的なプログラミングスキルを必要としません。

　今や、ソフトやハード面でのハードルは下がり、だれでもが簡単にチャレンジできる環境が整っています。とにかくやってみて、その楽しさを体験するところから始めましょう。

3. 始めてみよう、プログラミング！

　教師自ら始めるにしても、何から始めたらいいのかわからないという話をよく聞きます。英語や道徳といったものに比べて、ほとんどの教師は学生時代に習ったことがない分野ですから、もっともな話です。

　そこで、気軽に始められるおすすめの方法は、「Scratch（スクラッチ）*2」を使ったプログラミング入門です。なにせ無料で始められますし、Windows や Mac といったパソコンをはじめ、タブレットやスマホなど、どんな機種上でも動かすことができます。

　右は、Scratch の一
画面ですが、かわいい
ネコを通してお話をし
たり、動かしたりと、
色々な操作ができます
し、非常に高度なもの
までこれ1つで作れる
ように工夫されています。

　青や黄色、赤といったカラフルなブロックを組み合わせていくだけですから、直感的にプログラムが可能です。このような**テキストを使わずにブロックやアイコンなどを組み合わせることでプログラムが可能な言語は、「ビジュアル言語」**と呼ばれています。

　このビジュアル言語にはいろいろな仲間があって、低学年からなじみやすいように工夫されているものから、ハードウエアを動かすために作られたものまでさまざまありますので、いろいろと試してみるといいでしょう。

＊2　MIT メディアラボが開発したプログラミング言語学習環境 https://scratch.mit.edu/

　次にやってみたいのが、画面の中だけではなく、実験装置やロボットといった実物を動かすプログラムです。ここでおすすめしたいのは、イギリスのBBCが教育用コンピュータとして開発した「micro:bit（マイクロビット）[*3]」です。

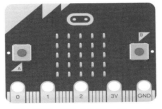

超小型サイズ（約40×50mm）
の micro:bit

　この機種の特徴としては、2,000円程度で購入でき、いろいろなセンサーやスイッチ、表示装置が組み込まれていて、それを使ってさまざまなプログラムが可能なことです。画面上で動かすだけのプログラムと違って、実物が光ったり、文字を表示したりする楽しさを、ぜひ経験してください。きっと、プログラミングの虜になってしまいます。このように**実機を使ってプログラミングをする学習は、「フィジカルプログラミング」**と呼ばれています。

　教室でのプログラミング教育でも、このようなソフトやハードを用いて学習することになります。指導する立場としては、このプログラムをすべて覚えないといけないと思われる方がいるかもしれませんが、それは違います。パソコンやタブレット操作が苦手でも大丈夫です。プログラミング教育は、子どもたちが自ら試行錯誤し、問題を解決していくところに良さのある学習です。子どもたちが見つけたことを伝え合ったり、評価し合ったりすることが大切です。だからこそ、教師はプログラミングの知識よりも、**『学び合い』というスタイルをどうプログラミング教育へ適合させるか**を考えていけばいいのです。

　文科省がプログラミング教育に向けて準備したサイトは、充実しており、テキスト教材や映像教材を使って学習ができます。ぜひ、次のサイトにアクセスして、Scratchを使ってみましょう。

＊3　https://microbit.org/

文部科学省「小学校プログラミング教育に関する研修教材」
http://www.mext.go.jp/a_menu/shotou/zyouhou/detail/1416408.htm

 ## 4. プログラミング教育は大きく分けると3つ

「プログラミング的思考」を育成する上での学習は、大きく3つに分類できます。以下で、紹介していきます。

(1) アンプラグドプログラミング

アンプラグドとは、電源プラグをつながないという意味です。コンピュータを使わないで、プログラミング的思考を学ぶ方法です。

例えば、プログラミングは基本的な命令を組み合わせて作りますので、それを右のイラストのように模擬的に前後左右の矢印カードなどに表し、その組み合わせで目的地にたどり着く方法を考えます。パソコンを使わずにプログラミング学習のはじめの一歩が踏み出せます。

また、後述するフローチャートを使って、思考や工程を「見える化」する学習もできます。

特に、コンピュータの操作に慣れ親しんでいない低学年やプログラミング教育を始めるきっかけとして、段階を踏んで学習する手始めとして優れていると考えます。しかし、「想定した動作をその場で厳密に確認すること」はできないというデメリットがあります。むしろこれをスタートとして、より高度なプログラミング教育へ結び

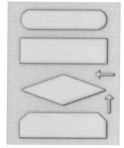

フローチャート定規

つける第一歩と考えるべき学習方法です。

　また、教師側から見れば、電源プラグをつながないグループ活動的な方法には慣れ親しんでいると思いますので、もっともやりやすい方法とも言えるでしょう。

（2）ビジュアルプログラミング

　ビジュアルには、映像や視覚といった意味があります。命令の書かれたアイコンやブロックを操作することでプログラミングします。「Scratch」（前掲）や「Makecode（メイクコード）*4」などのブロック形式の言語は、MITメディアラボが開発したプログラム言語ですので、ほぼ同じ操作でプログラミングが可能です。他にも、指示や機能、条件のアイコンを線でつないでプログラムするもの（フロータイプ）や「Viscuit（ビスケット）*5」などの独自ルールタイプのものもあります。

　どの言語も共通点としては、従来のテキスト型プログラミング言語に

いろいろなビジュアルプログラミング言語

「Scratch」（スクラッチ）	「Viscuit」（ビスケット）	プログル*6
画面上のブロックをつなぎ合わせてプログラムを作る。日本語でも使用可能。主にマウスを使用するため、キーボード操作に不慣れな小学生でも利用することができる。	パソコンのディスプレイやタブレットに描いた絵を動かしたり、その絵を使って「ゲーム」やきれいな「うごく模様」を作ったりすることができる。文字は一切使わず、お絵かき感覚で未就学児でも使うことができる。	あらかじめ準備されている命令が書かれたブロックを正しく組み合わせていく「ブロックプログラミング」で、課題をクリアしては次のステージに進むドリル型の教材。

参考：「小学校を中心としたプログラミング教育ポータル」https://miraino-manabi.jp/

＊4　Microsoftが開発したビジュアル言語。https://www.microsoft.com/ja-jp/makecode
＊5　NTTコミュニケーション科学基礎研究所の原田康徳氏が開発したプログラミング言語。https://www.viscuit.com/

比べて、ブロックをつなげたり組み立てたりするだけでプログラムが簡単にできるようになっているのが特徴で、直感的に操作がしやすくなっています。それぞれのビジュアル言語には特徴があり、低年齢でも親しみやすいものや、算数の学習で扱いやすいものなどがありますので、目的によって言語を選ぶといいでしょう。

（3）フィジカルプログラミング

フィジカルとは、物理的という意味です。実際に物を光らせたり動かしたりしながらプログラムを組む学習です。例えば、LED やモーター、ロボット、プログラミングカーなど、さまざまなハードが利用可能です。実際に、物が光ったり動いたりするので、もっとも楽しいプログラミング教育です。反面、機器の扱いや環境整備といった面で、難しいとも言えます。一部の熱心な先生だけが行うのではなく、普通にフィジカルプログラミングができるために、どのような工夫が必要なのかは、後ほど説明します。

いろいろなフィジカルプログラミング

micro:bit（マイクロビット）	MESH（メッシュ）	アーテックロボ
教育用の安価で小さなコンピュータ。クレジットカードよりやや小さいサイズの基板に、LED やセンサーなどさまざまな機能が搭載されている。	ソニー株式会社が開発した、さまざまな機能をもった小さな「電子タグ」。USB メモリを一回り大きくしたような形状で、スマートフォンやタブレット、パソコン上のアプリでプログラミングをすることができる。	株式会社アーテックが製造・販売するロボットプログラミング学習教材セット。縦、横、斜めに自由につながるブロック、モーターやセンサーなどのロボットパーツ、プログラミングソフトがセットになっており、ロボットの動きやしくみ、プログラミングを学ぶことができる。

参考：「小学校を中心としたプログラミング教育ポータル」https://miraino-manabi.jp/

＊6　特定非営利活動法人みんなのコードが開発。https://proguru.jp/

　機材は、非常に多く開発されており、国内では SONY の「MESH（メッシュ）*7」、「アーテックロボ*8」、そしてイギリスで教育向けに開発された micro:bit（前掲）が有名です。

　特に、micro:bit は小さな基板の中にスイッチや LED、さまざまなセンサーが内蔵されている割に価格も安く、採用する学校が多いです。

　また、フィジカルプログラミングの面白さは、プログラムが正しくてもうまく動くかわからないところにあります。LED の点滅やロボットの動作も、はじめは思うように動かないことがしばしば起こります。こういった点がバーチャルな世界と現実世界の違いを感じ取れるよい機会になりますし、試行錯誤の中に論理的な思考を適用できる場となります。

　また、micro:bit に関しては、本体に接続して機能を拡張する製品がさまざま開発販売されています。例えば、人感センサーや温度センサー、LED、モーターなどを取り付けることで、応用範囲を広げることができます。

　右写真で紹介するのは、筆者が開発に取り組んでいるもので、電源や音声を一体化したケースを作

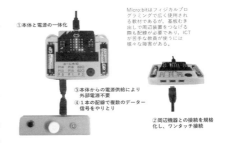

①本体と電源の一体化

③本体からの電源供給により外部電源不要
④1本の配線で複数のデーター信号をやりとり

②周辺機器との接続を規格化し、ワンタッチ接続

Micro:bitはフィジカルプログラミングで広く使用される教材であるが、基板むき出しで周辺装置をつなげる際も配線が必要であり、ICTが苦手な教員が使うには様々な障害がある。

Makecode上に専用日本語ブロック開発

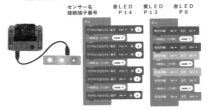

ハードに関わる部分をできるだけ意識しなくてもプログラミング可能
視覚的に、分かりやすい

Makecode上に専用日本語ブロック開発

・ハードに関わる部分をできるだけ意識しなくてもプログラミング可能
・普段使う表現方法でのプログラミングが可能で分かりやすい
・視覚的に、分かりやすい

＊7　SONY が開発した IoT ブロック。https://www.sony.jp/professional/solution/pgm-edu/mesh/index.html
＊8　株式会社アーテックが手がけたプログラミング教材。https://www.artec-kk.co.jp/artecrobo/ja/

ったことで、壊れやすい micro:bit を保護すると同時に、電源周りの配線をなくし持ち運びやすくし、音も再生できるようにしています。周辺機器から本体への配線を規格化し、ワンタッチで接続できることで、信号機ユニットや各種センサーを簡単に取り付けられるようにした製品です。

　また、小学生が使ってもわかりやすいように専用のブロックを用意しており、より日本語表現に近づけ、色分けすることで直感的に操作しやすくしています。

　なお、本研究の詳細は、大島崇行・齋藤博「プログラミング教育への不安解消を目指す研修プログラム・教材の開発」『第18回臨床教科教育学セミナー発表資料』（2020年）を参照ください。

 5. 身近にあるコンピュータ

　さて、以下の中でコンピュータが入っている装置はどれだけあるでしょうか。数えてみてください。

　私が数えた限りでは、19個の製品においてコンピュータが内蔵されているのではないかと思いました。ロボット犬は有名ですが、自動車・信号・洗濯機・トイレなどにも使われていて、人はコンピュータを意識しなくてもその恩恵に授かり、生活していることがわかります。

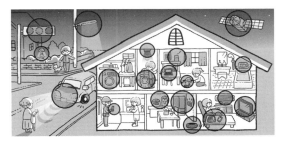

あらゆるところにコンピュータは使われている

さらに、この製品の中には、インターネットとつながり情報をやりとりする、いわゆる IoT 機器があります。例えば、宅配業者が使う端末やテレビなどは現在でも情報のやりとりをしていますが、将来的にはありとあらゆる機器がインターネットにつながり、新たな製品やサービスが始まる時代がやってくると言われています。

そして、ここ数年よく耳にする AI を搭載した機器類も登場しています。ロボット犬や自動運転技術などは、周りの様子や働きかけを判断し、対応します。

政府は、このような変革を第 4 次産業革命と言い、その社会を Society5.0（前掲）と呼んでいます。教育界も、このような社会の劇的な変化の影響を受けていると言えるのです。

 ## 6. 社会とコンピュータ

次に、社会とプログラミング教育という関係で考えてみましょう。下の企業名は、皆さんも日頃から目にするものばかりです。

これらの企業に共通するキーワードは何でしょうか。

YouTube　　twitter　　mercari　　Google　　ZOZOTOWN
YAHOO!　　amazon　　facebook　　Rakuten

まずは、1990年以降に設立した企業です。おそらくこの本を読まれている方の中には、自分が生まれ頃には存在しなかった企業ばかりだと思う方もいるのではないでしょうか。

　さらに共通していることは、IT を駆使しながら企業活動をしている、つまりはインターネットがない時代には存在しえない企業です。これらの企業が誕生した頃、現在のような巨大企業になる姿を誰が予想できたでしょうか。そして、同じように、今後10年・20年先のことは予測できないのではないでしょうか。それだけ、現代は変化が激しく、先が見越せない時代なのです。

　こうやって考えていくと、私たちの生活と IT は切っても切り離すことができないまでになり、この IT 技術を身につけなければ今後生きていけない時代になっているのです。

YouTube（2005年）　twitter（2006年）　mercari（2013年）
Google（1998年）　ZOZOTOWN（1998年）　YAHOO!（1995年）
amazon（1994年）　facebook（2004年）　Rakuten（1997年）
　　　　　　　　　　　　　　　　　　括弧内の数字は、設立年。

 ## 7. プログラミング教育の目的

　プログラミングと言われると、学生の頃に実習した FORTRAN や BASIC といったテキスト型言語を思い出される方もいるのではないでしょうか。このような言語では、命令の意味やコンピュータ内部の数値や文字の扱いといった内部の処理の仕方など、さまざまなことを覚えなくてはならず、とてもハードルが高いものでした。

　その後、教育用に LOGO という簡単な命令をテキストで書くだけで、画面上に線を描く言語が開発されましたが、やはりテキスト型で、プログラミングの仕方を覚えなくてはなりませんでした。

しかし、今では Scratch を代表としたビジュアル言語が開発され、プログラミングの敷居は非常に低くなりました。ビジュアル言語の良さは、はじめに言語の扱い方を学習しなくても直感的に使え、より高度なプログラムは使いながら身につけられることです。

このビジュアル言語のおかげで、プログラムを学ぶことを飛び越して、「プログラミング的思考」を育むことを目標にできるようになったというわけです。

「小学校学習指導要領（平成29 年告示）解説　総則編」には、プログラミング教育のねらいについて、以下のように記載されています。

```
Basic 命 令
        10 REM 5つ数える
        20 FOR I = 1 TO 5
        30 PRINT I
        40 NEXT
        RUN
LOGO 辺の長さが 100 の正方形を描画
        FORWARD 100
        LEFT 90
        FORWARD 100
        LEFT 90
        FORWARD 100
        LEFT 90
        FORWARD 100
        LEFT 90

                ↓
        ビジュアル型言語
```

論理的思考力を育むとともに、プログラムの働きやよさ、情報社会がコンピュータをはじめとする情報技術によって支えられていることなどに気付き、身近な問題の解決に主体的に取り組む態度やコンピュータ等を上手に活用してよりよい社会を築いていこうとする態度などを育むこと、さらに、教科等で学ぶ知識及び技能等をより確実に身に付けさせることにある。

8．プログラミング教育の良さ

皆さんは、ハンカチを持ち歩く時、4つ折りにたたんでいますよね。そこで、2人1組で「ハンカチを畳んでください。」というお題をやって

みましょう。1人は指示しかできず、もう1人は指示通りに腕を動かすことしかできません。「ハンカチを畳みます。」ではだめです。生まれたての子どものようにロボットはたたみ方を知らないのですから、1つ1つ動かし方を細かく順序立てて言わないといけません。例えば、「ハンカチの右下端と左下端をつまみ、そのつまんだ端を持ち上げて、右上端と左上端に合わせます。」ぐらい丁寧に言うことになります。

人間は「ハンカチをたたむ」で済む内容をロボットに指示をするには、作業工程を分解して短い指示でくみ上げる必要があり、これだけでも多くの気づきがあると思います。

「小学校学習指導要領（平成29年告示）解説　総則編」では、「プログラミング的思考」を次のように定義しています。

自分が意図する一連の活動を実現するために、どのような動きの組合せが必要であり、一つ一つの動きに対応した記号を、どのように組み合わせたらいいのか、記号の組合せをどのように改善していけば、より意図した活動に近づくのか、といったことを論理的に考えていく力

プログラミング教育の良さは、この物事を単純化し、より思考の流れを感じ取れることです。

コンピュータの良さとして、

・1つ1つ短い命令で構成され、それを組み合わせることでプログラムが成り立っている。

・命令したことしか実行しない。

・何度トライしても、わがままを言わない。

・計算や処理が非常に早い。

といった特徴があります。

これは、試行錯誤により問題解決するためには、優れた特性です。な

にせ、何度手直ししてもよく、結果はすぐに現れるわけですから。

　このようなコンピュータの特性をうまく利用したのがプログラミング教育の特徴であり、自分が考えたプログラムが意図した通りに動くようになるまでの試行錯誤の中に、さまざまな気づきがあるのです。

　「プログラミング的思考」とは、論理的な思考の中でも、よりシンプルに物事を単純化して、筋道だって考えることだと考えると、納得できるのではないでしょうか。そして、プログラミング教育の目的は、プログラミング言語を覚えることではなく、このようなコンピュータの特性をうまく利用し、試行錯誤の中から論理的な思考を育成することにあるのです。今までの思考よりも、より細かく・単純化して考えるわけですから、従来の論理的な思考が苦手な子どもたちにとってよりわかりやすくなる学習なのです。

9. プログラミング教育の実際

　文部科学省から出されている「小学校プログラミング教育の手引き（第三版)」（令和2年2月）では、次のように示されています。

小学校段階のプログラミングに関する学習活動の分類

A　学習指導要領に例示されている単元等で実施するもの

B　学習指導要領に例示されてはいないが、学習指導要領に示される各教科等の内容を指導する中で実施するもの

C　教育課程内で各教科等とは別に実施するもの

D　クラブ活動など、特定の児童を対象として、教育課程内で実施するもの

E　学校を会場とするが、教育課程外のもの

F　学校外でのプログラミングの学習機会

学校では、A、B、C分類を教育課程内で行います。特に、B、C分類は学校ごとに創意工夫が必要です。

プログラミング教育は、必修に位置づけられましたが、時数が決まっているわけではありません。そのため、各学校でプログラミング教育を位置づけ、既存教科の中に組み込んだり（A・B領域）、学校裁量の時間に組み込んだり（C領域）する必要があります。積極的な地域がある一方、消極的な地域もあれば、それだけ地域間格差が大きくなります。せっかく位置づけられたプログラミング教育をほとんど経験せずに終わってしまうのは、子どもたちにとっても不幸です。

また、教師にとっては、このプログラミング教育的な要素を身につけることで、より幅の広い学習へと広げるチャンスになると思います。なにせ、プログラミング教育は、子どもたちが『学び合い』を中心としたアクティブな学習を行う、今までにない学習です。多忙ではありますが一歩、踏み込んでほしいです。

10. プログラミング教育の授業は、「想定・動作・実際の繰り返し」

では、1時間1時間の中で、プログラミング教育はどのように進めればいいのでしょうか。

プログラミング教育の良さとして、すぐに試せる・結果が出る・修正できるといった利点があります。

そこで、プログラミング教育の中で、「想定→動作→実際」のサイクルを回して、プログラミング的思考を育みます。

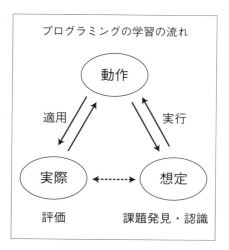

（1）想定

　プログラミング教育を成功させるためにとても大切な部分です。この段階で、プログラムの全体像を考え、ある程度見通しがなければなりません。例えば、正三角形の描き方を考えた場合、定義の「3つの辺が等しく、角度は60度」では、プログラムができません。より具体的に細分化し、「長さ100進む→120度右に曲がる」というコマンドを3回繰り返すというところまで、はっきりしたプログラムの設計図を考える必要があります。細分化して物事を考えるプログラミング的思考の第一歩がここにあります。

（2）動作

　次に、想定を元にプログラミングして動作させます。想定の段階でしっかりした設計図ができていれば、今のビジュアルプログラミング言語を使えば、それほど難しいものではありません。ここで、プログラムしながら、「長さ100進む→120度右に曲がる」のコマンドを3回書き表すよりも、繰り返し命令を使えば良いという思考ができます。

（3）実際

　プログラムを動かし、想定との違いを評価します。うまく動かない時は、もう一度プログラムを修正・改善します。専門用語で言うと、「デバック」に当たります。これも、結果がすぐわかるコンピューターの良さを生かしたプログラミング教育の特徴です。

　「想定→動作→実際」の1サイクルで終わるのではなく、自分が想定に近づけるためにこのサイクルを回し、より良い方法を考えていくことが重要です。例えば、このサイクルの中から、「同じ命令を何度も書くよりも『繰り返し命令』を使うと、より汎用性のあるプログラムになる」など、プログラミング的思考を育むことが大切です。

【参考】中川一史監修「小学校プログラミング教育導入支援ハンドブック2018」一般社団

法人 ICT CONNECT 21発行、https://navi.ictconnect21.jp/wp-content/uploads/PKB_tn_mihiraki0904.pdf

11. プログラミング教育を成功させる『学び合い』

プログラミング教育は、人対コンピュータで、黙々とコンピュータに向かってプログラムをするというイメージを考えてしまいがちです。しかし、このような学習になってしまうと、自分が作ったプログラムだけで満足してしまい、学習の広がりは期待できません。

コンピュータ対人

↓

自由に情報交換できる場へ

コンピュータに向かわせる時間を確保しながらも、むしろ子ども同士の交流の場を重要と考え、話し合いの場や全体で情報の共有化をする場を設けたり、自由に聞きに行ける雰囲気を作ったりすることで、幅の広いプログラミング教育になるのではないでしょうか。

そこで、授業の中に次のような配慮が必要です。

・コンピュータを使わず、ホワイトボードなどを使ったシンキングツール等を活用する。
・1時間1時間の中で、しっかりした課題を決めておく。そし

自由な雰囲気の中でプログラミング

て、その課題を解決するために考えた想定をもとに、グループで話し合いを設けて、より細分化してプログラミングに近づけていく場を大切にする。（具体的には第 3 章の実践例を参照のこと）

・「想定→動作→実際」の繰り返しの中で、試行錯誤する場面を大切にする。

・個・グループ・グループ外などへ聞きに行くなど、自由に情報共有できる環境を作っておく。

・想定と違った動きをした時に、他者との交流が生まれるようにする。
　（「わからないことは聞く、わかることは教える」といった『学び合い』の基本を実行している子どもたちならば、特別な働きかけがなくても、自分たちがめざしている想定に近づけるために自然と『学び合い』が始まり、目的のプログラミングに近づけるのではないでしょうか。）

・より工夫したプログラミングになるよう設定しておく。
　（例えば、音をつけたり、言葉を入れたり、待ち時間を入れて見やすくしたりと、相手意識をもった工夫をしてよりわかりやすく便利になるよう目標を立てておきます。より高いプログラムをめざせば、人から情報をもらうという必然性が生まれ、その中に『学び合い』は自然に発生していきます。）

・フローチャートなどの表現技能を高め、思考の流れを見える化することで、自分の考えを人に伝えやすくする。

　では、次章から、実際の授業実践例で見ていきましょう。

フィジカルプログラミングを成功させるためには

　フィジカルプログラミングは、実際のものが動作するので、プログラミング教育の中でももっとも楽しく、最高峰の学習と言ってもいいと思います。

　フィジカルプログラミングを成功させるためには、環境整備が90％とまで言われており、機材を購入してもすぐにできるわけではありません。

　例えば、

・プログラミング以外に、配線や組み立てなどが必要な場合がある。

・そもそも実機を購入する予算が必要。

・パソコンや Wi-Fi などの環境整備が必要。

・学校にあるコンピュータは、セキュリティ対策がしてあり、ソフトがインストールできなかったり、接続上の問題を発生させたりする。

・壊れることも度々あるため、定期的なメンテナンスが必要。

です。

　逆に言えば、このようなことを解決できれば、小学校の学習でもフィジカルプログラミングを浸透させることができるはずです。

　場合によっては、校内だけでは解決できず、教育委員会やメンテナンス業者まで入って解決しないといけない時もありますが、ぜひみんなで協力しながら、子どもたちの未来のためにも、このフィジカルプログラミングを活発化していきたいものです。

（齋藤　博）

いつでもどこでも同僚と情報の共有 ～Slack～

こんな環境、方法、ツールを必要としている！

　「働き方改革」の1つに「生産性の向上」があります。要は無駄な仕事内容はやめると共に必要な仕事であっても効率的に仕事を行うということです。ICTを上手に使えば効率的に仕事を進められます。

　例えば、同僚や学年、低中高学年での情報の共有です。全員で顔を突き合わせて話し合うことも内容によっては必要ですが、同じ時間帯に同じ場所に集合することが難しいこともありますし、随時共通理解を図りたいことが仕事には生じます。そんな時におすすめしたいのが「Slack」です。

アプリ、ソフトの紹介

Slackとは2013年8月にアメリカでリリースされたビジネスチャットツールです。チャットというのは「会話」と訳されます。日本でも50万人以上が毎日利用していると言われています。PC（Windows、Mac）、スマホやタブレット（iPhone、iPad、Android）どれでも利用可能です。有料版ですべての機能が使えますが、日常の情報共有であれば無料版で十分です。

なぜこのアプリ、ソフトを使うのか

　上はわたしのゼミで利用しているSlackの画面です。一見してわかる

通り、LINE の会話やインターネット掲示板のような感じで情報のやりとりができます。絵文字も使え、情報のやり取りをやわらかいものにしてくれます。もちろん、ファイルや画像の共有（アップロード、ダウンロード）もできます。LINE 等と大きく異なる４つの機能がおススメの理由です。

　１つは複数人（グループ）でのやりとりが前提であることです。学年、複数学年、校務グループ等で情報交換ができます。もちろん１対１でのやりとりもできます。２つは画面左を確認してほしいですが、その都度会話のカテゴリ（Slack ではチャンネルと呼びます）を簡単に作成することができます。例えば「学習発表会」「学年だより」「修学旅行」などで分けて会話ができます。カテゴリごとに加入メンバーの変更が可能です。３つは検索機能が優れています。チャット（会話）アプリはスムーズに会話が流れるようになっている反面、後でその時のことを検索することが面倒なものが多いです。仕事で使う場合「記録」として使えることが望ましく、すぐに「検索」できることが必要です。ビジネス用に作られているだけあって考えられています。４つは外部アプリと連携することができます。わたしのゼミでは Google カレンダーや Google ドライブと連携して Slack 上からこれらのサービスが使えるようになります。

　Slack を使うことで、時間が合わなく直接会話ができないことであっても、意思確認や日程調整、役割分担、進行状況の確認などが簡単にできるようになります。気持ちに余裕ができることでしょう。

代替アプリ、ソフト、サービス

　LINE、Facebook メッセンジャーなど、メッセンジャー機能を備えた SNS でも代替可能です。ただし、私生活でのチャット（会話のやりとり）を目的に作られた LINE 等と異なり、Slack はビジネスチャットと呼ばれ、ビジネス上のチャットを前提に作られています。その分、Slack のほうが仕事のやりとりがしやすく感じます。　　　　　　　（阿部隆幸）

第**3**章

プログラミング×『学び合い』
授業の実際

フローチャートを覚えて、
考えを「見える化」

単元名	小学校3〜6年C領域「フローチャートを使った表し方」 （2時間目／2時間扱い）

目標	フローチャートのきまりを理解し、生活の中の行動をフローチャートを使って正しく表すことができるようになる。
学習	・楕円・長方形・ひし形の図形の意味を知る。 ・日頃の行動について、細分化しながら、フローチャートで表す。
評価	的確に、行動をフローチャートを使って書き表すことができたか。

育成すべき資質・能力三つの柱との関連	1）「何を知っているか、何ができるか（個別の知識・技能）」 ・日頃の行動を表すのに、まずは細分化し、それぞれがどうつながっているのかを考える必要があることがわかる。 2）「知っていること・できることをどう使うか（思考力・判断力・表現力等）」 ・フローチャートの書き方に従って、適切に書き表すことができる。 ・フローチャートを使って、日頃の行動を考え、表現できる。 3）「どのように社会・世界と関わり、よりよい人生を送るか（学びに向かう力、人間性等）」 ・この活動を通して、より物事を分析し、適切に判断する力を養う。

本学習にあたって

　プログラミング教育がスタートしましたが、どの学校も従来のカリキュラムの中にどう位置づけるか、四苦八苦されていることでしょう。さらに、組み込んだとしても、年間数時間の枠を確保するのが精一杯の学校がほとんどではないでしょうか。

　「プログラミング的思考」の良さを実感させ、教育効果を期待するには、どうしても時数が足りません。そこで、特別な時間は必要なく、日頃からどんどんプログラミング教育の良さを学習に生かしていけるフローチャートを紹介します。

　アルゴリズムとは、「問題を解決する考え方」です。このアルゴリズムを図形や線等を使ってわかりやすく表したものがフローチャートです。フローチャートは、プログラミングのための知識・技術ではありません。誰もが理解しやすいように表現する方法で、ユニバーサルデザインの考え方と同じです。『学び合い』のツールとして子どもたちに習得させ、より考えを伝えやすく、活発な意見交流に結びつけられると期待できます。

　プロセスやプログラムを示すために、基本処理の長方形、条件分岐処理のひし形、流れの矢印など標準記号を組み合わせて記述します。その代表例は、次のようになります。

記号	名称	意味
	端子	プログラムの開始・終了を表す記号。
	処理	行う処理や作業を表す。
	判断	複数の選択肢に分かれる判断を表す。
	反復	繰り返しを表し、繰り返しの始めと終わりに使う。
	線・矢印	処理の流れに沿って使う。流れの向きを明らかにする際に矢印を使う。

　この他にさまざまな図形と処理が決められていますが、小学校段階で

は「順次・分岐・反復処理」の３点を表すことが肝心なので、これ以外に細かな記号を覚える必要はありません。

 ## フローチャートの基本

４つの基本ルール

①常に左から右へ上から下へ流れるように要素を配置する

②逆行する時は矢印をつけ、図の下部を通して線が重ならないようにする

③図記号と図記号の間は一定の間隔をあける

④各ステップに適した図記号を使う（例えば、「判断」にはひし形、「処理」には長方形、「開始／終了」には楕円形といったように統一する）

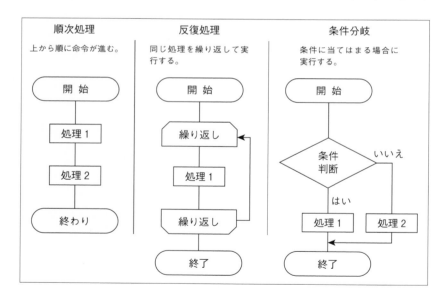

 ## 目標

　生活の中の行動を、フローチャートを使って正しく書き表せることを目標にしました。順次処理として「図書室で本を選んでから借りるま

112

で」、条件判断として「信号機付き横断歩道の渡り方」を問題としました。

図書館で本を借りる際の例としては、右のようになりました。もちろん、学校のシステムによって行動が変わりますし、より大雑把に、または細かく書くなども正解とします。

このような練習をした後に、「信号機付き横断歩道を渡るまで」について、みんなで考えてみました。

 学習

「信号を確かめてから渡る」ということから、今までの順次処理とは異なることがわかりました。そこで、「信号のある交差点の手前で止まる→信号を見る→（ひし形)」までを印刷した用紙を配り、それ以降のフローチャートに取り組みました。

信号のつきの横断歩道のわたり方

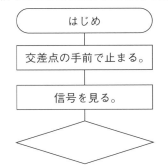

児童A　信号を見て、渡るよね。

児童B　簡単だよ。青なら渡るし、赤なら止まって待っているだけだよ。

児童A　じゃあ、このひし形に「信号が青か？」と書くよ。

児童B　青なら、そのまま渡って終わりだね。

児童A　じゃあ、赤だったら青まで待てばいいから、また判断だね。

児童B　ひし形で、「青になるまで待つ」

児童A　あれ、どんどんひし形が増えていくけど。

児童B　なんか、いい方法ないかな？

　　友達のフローチャートにヒントがないか、確かめに行く。

児童A　わかった。赤だったら青になるまで待てばいいから、最初に戻
　　　　ればいいんだ。

児童B　そうか！　すると、ひし形が増えることもないし、また青信号
　　　　になるまで待つことになるから、いいんだね。

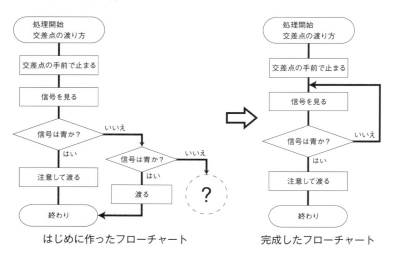

はじめに作ったフローチャート　　　　　完成したフローチャート

●── 評価・ふり返り

　赤信号だった時の行動をフローチャートを使って考えることで、あま
り意識していなかった思考の流れがはっきりと見えてきました。特に、
信号が赤と判断した時に、もう1度信号を見るに戻る繰り返しのルーテ
ィンがプログラミング的思考と言えます。

　このような思考の流れをフローチャートを使って書き表す場面を増や
すことで、誰もがわかりやすく、さらに論理的な力をつけていくことが
可能です。

（齋藤　博）

だから、この実践は成功する！

水落　アンプラグドプログラミングは、機材やお金もいらないので、全国どの学校でもできる良さがありますね。それを、信号という身近な物を取り上げて、フローチャートで思考を示すというのが、この実践の特長です。

齋藤　教員の研修でも、私はフローチャートを取り上げています。これは、機材やお金がいらないだけでなく、いろいろな良さがあるからなんですよ。

水落　私も、信号を渡る際に、自分はどう思考し安全に渡っているのか、はっきりしませんでした。でも、このフローチャートを使って表した瞬間、「あー、そうだったんだ」と納得できました。

齋藤　そうなんですよ。講習会でもいろいろなフローチャートができるんですが、特に信号が赤と判断した時に、もう一度信号を見るに戻る繰り返しのルーティンが、ポイントですね。

水落　自分と相手が対話しながら、思考の流れを「見える化」することが、プログラミング的な思考へとつながっています。フローチャートの考えをしっかり身につけることは、その後のビジュアルプログラミングやフィジカルプログラミングへ結びつきますね。

齋藤　確かに、この部分をしっかり身につけると、その後のプログラミング学習でもたいへん役立ちます。私は、実はもっと活用できると思っています。日頃の算数や社会、理科などの思考ツールとして、また板書の一部として、このフローチャートを利用した「見える化」が学習の理解につながるものだと思います。

水落　学び合うためには、まず相手の考えをよく知る必要があります。そのために道具として、フローチャートを使っていけたら、よりいいですね。

プログラミングで正多角形をかこう

単元名	小学校5年A領域　算数科「正多角形と円」 （4・5時間目／8時間扱い）

目　標	「辺の長さがすべて等しく角の大きさもすべて等しい」という正多角形の性質をもとに、プログラムを使って正多角形をかく方法を考えることができる。
学　習	プログラム環境の Scratch を利用し、辺の長さと角を指定することで、正多角形を作図する。
評　価	Scratch を使ったプログラムで、さまざまな正多角形の作図をかくことができた。

育成すべき資質・能力 三つの柱との関連	1）「何を知っているか、何ができるか（個別の知識・技能）」 ・プログラム環境の Scratch を使い、正多角形の辺の長さや角の大きさを利用しながら、作図する方法を理解している。 2）「知っていること・できることをどう使うか（思考力・判断力・表現力等）」 ・内角ではなく、外角を使うことで作図ができる。 ・同じ命令を繰り返す場合、繰り返し命令を使ってプログラミングができる。 3）「どのように社会・世界と関わり、よりよい人生を送るか（学びに向かう力、人間性等）」 ・多角形を作図する活動を通して、コンピュータを使うと速く正確にかくことができるなどの利点に気づき、今後もこの特性を生かせるようになっていく。

本学習にあたって

　「プログラミングって、すごく難しいし、誰かに教えてもらわないとわかりそうにもない……」と思っていませんか。でも、そんな心配は不要です。スマホを使うのに、わざわざ専門書を出して操作を覚える人はいません。同じように、今のプログラムは、直感的にほどんどの操作ができますし、なんとお金もかからないのです。文部科学省が Youtube にアップした動画までそろっていて、独学でも十分です。

　ここで紹介するのは、Scratch（スクラッチ）というブロック型言語です。アメリカの MIT で開発されたもので、ライセンスフリーの形式をとっていますので、誰でも自由に使い、配布することができます。

　文部科学省からもいろいろな資料がネットに上がっていて、動画や学習プリントまで丁寧にあります。

【参考】未来の学びコンソーシアム事務局（文部科学省内）「小学校を中心としたプログラミング教育ポータル」https://miraino-manabi.jp/

　Scratch（スクラッチ）の画面は、「スクリプトエリア」「ステージエリア」「スプライトリスト」の3つに分けられます。プログラムは、「スクリプトエリア」にブロックを配置していきます。そして、「ステージエリア」で動作を確認します。スプライトリストは、入門では使いません。

　画面上のネコは、座標を使って移動できます。右図のように、縦360ピクセル、横480ピクセルで、中心の x 座標、 y 座標が（0, 0）です。

　例えば、ネコの座標を（0, 0）に指定することで、中央にネコが移動します。

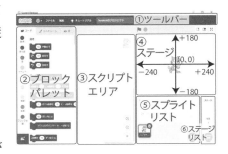

入門の時には、ネコがどこかに行ってしまうことがあります。そこで、右の初期化する命令を覚えておくと便利です。

上から順に、ネコを中央に持ってくるブロック、ネコを右向きにするブロック、ペンの跡を消すブロックです。

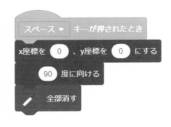

 ● 目標

Scratchを使った正多角形を作図するためのポイントは、「内角ではなく外角を使う部分」と「繰り返し命令を使う部分」の2点です。

右図のようなペンを持ったネコが歩いて正三角形を作図する場合を考えます。

ここで問題になるのは、三角形の内角60°です。実際は（180° − 60° = 120°）回らないと正三角形を作図することができないのですが、小学校では外角を扱っていないこともあって、初めは間違える児童が多いです。

このような間違いを解決するためにも、2人1組で学習を進めました。Scratchブロックをホワイトボードに貼り、プログラムを組んだ後に、指示役・ネコ役に分かれてネコの動きをシミュレーションし、その後コンピューターで確かめる活動を組み学び合うことで、より主体的・対話的な学びができます。

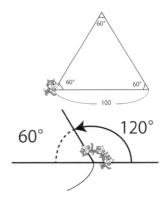

ホワイトボードに命令を貼り付けながら、みんなでプログラミング

60°で作図　　　　120°で作図

　もう1つのポイントは、「前進・回転」を「繰り返し命令」に置き換える場面です。

　正三角形では、前進と回転を3回かいても難しくありませんが、これが正5角形、正10角形、正36角形と増えていくことで、繰り返し命令を使うことがより簡単で汎用性のある優れたプログラムであることを体感できます。

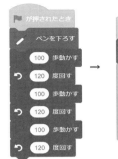

前進・回転を　　　繰り返し命令を
3回繰り返す　　　使用した場合

 学習

　以下の場面は、指示役（コンピュータ）とネコ役（画面）に分かれて、プログラムを確かめているところです。コンピュータで確かめる前に、2人でシミュレーションをして確かめます。

児童A　じゃあ、私が指示を出すよ。まず、100前進。

児童B　はい、動いたよ。

児童A　次、60°回転。

児童B　え、どっちに回転するの？

児童A　左回転で、60°

児童B　回転したよ。

児童A　次に100前進。

児童B　あれ？

児童A　変だなあ。思ったような形にならない。

児童B　もう一度、ホワイトボードで確かめてみよう。

児童A　そうか！　外を回る角だから、180−60＝120度だよね。

児童B　じゃあ、今度はコンピュータで確かめてみよう。

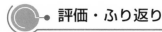

繰り返し命令を利用することで、正多角形を容易にかくことができるようになります。

スクラッチは、このような図形の描写に向いています。順次処理や反復処理を組み合わせることで、さまざまな図形をかかせることができ、コンピューターの良さに気づかせる

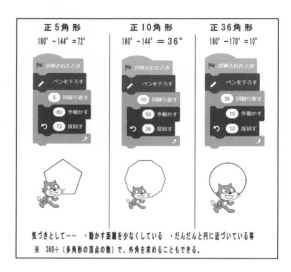

ことができるとともに、教科の学びを深めることができます。

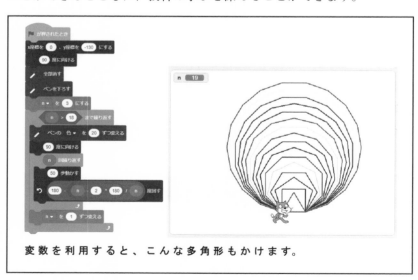

変数を利用すると、こんな多角形もかけます。

（齋藤　博）

だから、この実践は成功する！

水落　この Scratch を使った多角形のプログラミングは、ずいぶんいろいろなところでやられているようですね。

齋藤　はい、これは文科省が示した A 領域の1つなので、どこでも力を入れています。

水落　では、本書で書かれた指導案は、どこが特長的ですか。

齋藤　第2章でも書いたのですが、プログラミング教育は、児童とコンピュータが1対1で取り組むようなイメージが強いと思うんです。しかし、それだけだと友達との関わり合いもなく、学習の深まりもないですよね。やっぱり、活発に意見を交換したり、プログラミングに関して言えば、自分が作ったプログラムを人に見せたいという欲求もあったりしてもいいじゃないですか。そこで、構想段階などで友達と関わり合う場面を大切にしています。

水落　だから、ネコ役と指示役になって、確かめる場面があるんですね。これ以外に、ホワイトボードを使ってプログラムを相談しながら考える場面など、考えただけで楽しそうです。そういえば、ずいぶん前に「角度インベーダーゲーム」というのがありました。角度を入れてインベーダーを倒すゲームなのですが、あれをやったことで、子どもたちは自然に鋭角や鈍角を覚えました。これからの子どもたちは、こういう学習を通していろいろなことを自然に身につけていくんだろうなあと思います。

齋藤　プログラミング教育の特長の1つは、試行錯誤ですから、「わかる」より「できる」が先行し、後から自分のしたことはこういうことだったんだとメタ認知するなんてことも、どんどん増えてくるかもしれませんね。

水落　このような学習がポピュラーになっていくことで、新しいアイディアがどんどん生まれていくことに期待したいですね。

信号機プログラムを作ろう

単元名	小学校3〜6年A領域　総合的な学習の時間「安全なまちの仕組み」 （1・2時間目／2時間扱い） 使用機材：micro:bit、ユーレカ IO ボックス、信号機ユニット 使用ソフト：Makecode for micro:bit

目標	micro:bit を使って、信号機の動作をプログラミングすることで、信号のしくみや、プログラムが役立つことに気づくことができる。
学習	micro:bit を使って、LED の ON/OFF をしたり、一時停止をしたりして、信号機と同じような動きをプログラミングする。
評価	・試行錯誤を通して、信号機の動きを細分化し、再現することができる。 ・プログラムの利用について考える。

三つの柱との関連 育成すべき資質・能力	1）「何を知っているか、何ができるか（個別の知識・技能）」 ・LED の ON/OFF の仕方や一時停止ブロックを使うと、信号を自由に制御できる。 2）「知っていること・できることをどう使うか（思考力・判断力・表現力等）」 ・動作を細分化して順番に組み立てると想定通りの動きを再現できることを通して、より物事を正確に理解できるようになる。 3）「どのように社会・世界と関わり、よりよい人生を送るか（学びに向かう力、人間性等）」 ・プログラミング体験を通して、身近な制御されている機器について、興味や問題意識をもち追求することができ、日常生活を改めて考えていく。

本学習にあたって

　いざ、プログラミング教育を始めるといっても、予算が必要です。でも、アンプラグドプログラミングだけではプログラミング学習の楽しさを体験することはできません。先生方の講習会を開いて、フィジカルプログラミングを体験されると、みんな笑顔で活動され、実物を使うことの良さや大切さを感じ取ってくれます。そんな先生方に紹介するのは、Micro:bit（マイクロビット）を使ったプログラミングです。Micro:bitは、なんと2000円ちょっとで購入することができますし、周辺機器を追加しても1万円以下の予算でそろえられます。

目標

　micro:bit を使って、信号機を模したプログラムを組む授業です。ゴールは、「青・黄・赤と順番に点灯消灯を繰り返す」に設定しました。

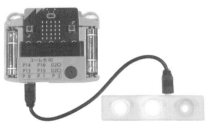

　右のように青信号機ブロック[※1]をONにするとLEDは点灯し、OFFにすると消灯しますので、蛍のようにLEDを光らせる場合は、ONとOFFの2つのブロックを組み合わせることになります。

　しかし、プログラムを実行させても、LEDは暗く少しだけ光るだけです。

　ここで、旗揚げゲームを考えてみます。右と左で異なる旗を持って、言葉通りに上げ下げするゲームです。だんだん速くしていくと、終いに

※1　使用した周辺機器：信号機ユニット。詳しくは、ユーレカ工房 HP（http://eureka.niigata.jp）を参照のこと。

はうまく上下できなくな
りますよね。なぜ、うま
く上げ下げできなくなる
のでしょう。それは、生
身の人間だからです。人
間は、高速の動作や認識、計算などには限界があるのです。

　先ほどのプログラムも、実は高速で命令を実行し、LED は点滅をして
いるのですが、人間にはあまりにも速くて点滅しているように見えない
のです。

　ここで、どうにか点滅させるように、子どもたちの試行錯誤が始まり
ます。さまざまなブロックを組み込んだり、ON と OFF のブロックを
増やしてみたりしている中から、どうにか点滅を見つけ出す子も出てき
ます。こういった点は、大人より子どものほうが優れていることと、プ
ログラミング教育の特徴である「すぐに結論が出て修正できる」という良
さを発揮できる場面です。この発見をクラスに広めることで、子どもた
ちは「時間の制御」をすることが大切だということに気づいていきます。

学習

児童Ａ　かんたんじゃん！　「ずっと」の中に、青信号の ON と OFF の
　　　　ブロックを組み合わせるといいんじゃない。

児童Ｂ　じゃあ、やってみよう！

児童Ａ　あれ、何も光らなくなっちゃった。なんで？

児童Ｂ　プログラムは間違いなさそうなんだけどなあ。

　　　　Ｃグループからの声「うまく点滅したよ」

児童Ａ　なんで!?　どうやったら点滅したのか、見てくるね。

　　　　（Ｃグループに行き……）

児童Ａ　どうやったの？

児童Ｃ　ON と OFF の間に１秒をあけてみた。

児童A　どういうこと？

児童C　それがないと何も光ってないみたいになるでしょ。あれは、人間の目で見たのではわからないんだと思う……。

児童A　おお〜っ！　そういうことか！？　画面上のプログラムと現実世界では違うんだね！

（自分のグループに帰り……）

児童A　間をあけるといいみたいだった。

児童B　どういうこと？

児童A　だから〜。プログラムに間違いがなければ良いというもんじゃなかったんだわ。間をあけないと人間の目ではわからないってこと。

児童B　どのブロックを使うの？

児童A　（「待ち時間」を指して）これ。

児童B　じゃあ、この「待ち時間」というブロックを使ってみよう。

 ## 評価・ふり返り

　試行錯誤の中から見つけた「時間の制御」を組み込むことで、蛍のように点滅するプログラムが完成します。また、自分が「時間制御」の方法を見つけなくても、友達

が発見したことを教えてもらい自分のプログラムに組み込み、その動作原理を理解することも大切な学習です。そこで、評価の際のポイントをまとめると、次のようになります。

・信号機の仕組みを表すためには、信号機の動作を細分化し、順序立てて組み立てる必要があること。

・プログラムは動いていても、想定した通りに動かないことがあること。

・「時間の制御」を入れることで、自由に信号機の点滅動作を制御できること。

・信号機は、正確に動くようプログラミングされ、私たちの安全を守っているということ。

　日頃から見慣れた信号機の機能も、実際プログラムで再現しようとすると、「プログラミング的思考」が必要な点が多々あります。この学習では、教え込むことは必要ありません。主体的に学び、発見したことを学級全体に伝え広げ、それをもとにより深い学びへと進んでいけます。

数々の問題を乗り越え、想定通りに信号機が動作した時の何とも言えない笑顔、さらに相手意識をもってより工夫したプログラムへと改良しようとする姿を見ることができます。

　この発展形として、歩行者信号のプログラミングが可能です。「青連続点灯→点滅→赤のみ点灯」のプログラムを組んだり、音を組み込んだり、さらに micro:bit のマトリックス LED に残り時間を表示させたりと、より高度なプログラミングが可能です。

（齋藤　博）

プログラミング×『学び合い』授業実践事例

電気を無駄なく使う方法を考えよう

単元名	小学校6年A領域　理科「電気と私たちの生活」 (11・12時間／12時間扱い) 使用機材：micro:bit 使用ソフト：Makecode for micro:bit

目標	より便利で無駄のない電気の利用方法を考え、プログラミングする活動を通して、身の回りには電気エネルギーを目的に合わせて制御する仕組みがあることについて考えることができる。
学習	光センサーを利用して、暗くなるとLEDが光る手法についてそれぞれ考え、プログラミングする。
評価	電気を有効利用するため、暗くなった時だけLEDを光らせるプログラムを作ることができる。

育成すべき資質・能力 三つの柱との関連	1）「何を知っているか、何ができるか（個別の知識・技能）」 ・光センサーの仕組みについて理解している。 ・論理ブロックを適切に使うことができる。 2）「知っていること・できることをどう使うか（思考力・判断力・表現力等）」 ・光センサーは暗くなると数字が小さくなることから、これを利用して明るさを判断させることができる。 3）「どのように社会・世界と関わり、よりよい人生を送るか（学びに向かう力、人間性等）」 ・電気の性質を利用した仕組みを作る活動を通して、身の回りにある道具のプログラムや制御について考えることができる。

皆さんは、夕方暗くなると点灯する街灯や室内灯を見たことがあると思います。毎日、当たり前に目にする道具ですが、あの道具にはどのような仕組みがあるか考えたことがあるでしょうか。昨日まで「暗くなると点灯するもの」としか考えていなかった人も、今日の夕方からは、別の意味をもって見えるようになるはずです。つまり、あの便利なライトがプログラムによって動いていることがわかるのです。

　まず、なぜ暗くなった時に点灯するライトが必要なのでしょうか。それは、最近白熱電球や蛍光灯が発光ダイオード（LED）に置き換わりつつあるのと同じ理由です。そのほうが省エネだからです。前時までに児童は、①豆電球・モーター・LED などの機器によって、電気の消費量は違っている。②電気は発電したり、ためたりすることができる。③電気を光や熱などに変えることができることを学習済みです。豆電球よりLED のほうが電気を使わないという利点を知り、より節電することに興味をもっています。そこで、プログラムを使ったより効率的な電気の使い方をプログラミングします。

　この学習で大切なポイントとしては、「明るい・暗い」をどうコンピュータに判断させてプログラミングするかです。そこで、光の強さによっ

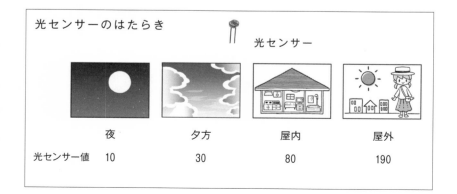

光センサーのはたらき　　光センサー

	夜	夕方	屋内	屋外
光センサー値	10	30	80	190

て変化する「光センサー」を使用し、明るさを数値に置き換えます。

　この明るさによって変化する値を使って、「暗くなったら LED を点灯する」というプログラムを作成します。例えば、光センサーが明るさを 0 〜254段階で判別する場合、例えば127の値を境に「明るい」「暗い」を判断させればいいわけです。この境になる値を閾<ruby>値<rt>しきいち</rt></ruby>と言います。

周りを暗くしたとき	しきい値	まわりが明るいとき
0	127	254

　ただし、明るい・暗いというのは相対的なものです。真夜中でも月があると明るいとか、日中外に比べたら室内は暗いという言い方をするので、プログラムの目的によってこの閾値は変化します。

　この授業では、はじめに光センサーを使用した明るさ調べをする活動を通して、明るさを数値に置き換えられるという考えをしっかりもたせ、それをプログラミングに生かすように持って行きたいと考えます。

学習

　右のようなブロックを使って micro:bit のマトリックス LED に光センサーの明るさの値を表示させました。この結果をもとに、どう判断させるか考えた場面です。

児童A　暗くなったことを 0 〜254の段階のどこかで分けるんだよね？

児童B　そんなのわかんないよ。どうするの？

児童C　実際に手で光を遮って暗くして、センサーがいくつになるか見てみればいいんじゃないの？

児童B　なるほど〜。やってみよう。

児童A　手で覆うと5、そのままだと74だったよ。

児童B　じゃあ、どこかの数字で暗くなった時を決めたらどうかな。

児童A　じゃあ、20ぐらいかな。

児童B　そうだね。20より小さかったら、暗いことにしよう。

児童A　明るさセンサーの値が20より小さかったら、LED を ON する
　　　　だね。

　構想ができあがれば、あとはプログラミングの試行錯誤を繰り返しな
がらプログラムが完成します。

完成したプログラム

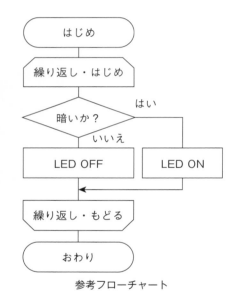

参考フローチャート

 評価・ふり返り

　この学習では、明るさの値を確かめ合ったり、プログラムを比べ合ったり
と、自主的・対話的な場面も多く見られました。そして、micro:bit を使って
電気を制御する学習をすることで、より電気を効率的に利用するという態
度を養うばかりでなく、実生活でも電気エネルギーを目的に合わせて制御
したり、効率よく利用したりしていることに目を向けるようになります。

発展

　せっかく節電するプログラムを作りましたので、より省電力のライトを作ってみましょう。例えば、学校や自宅のトイレに光センサーを取りつけると、人がいなくても光があると夜の間中電灯がONになってしまい、電気の無駄になります。そこで、人感センサーを使って、より節電できるプログラムを作ります。

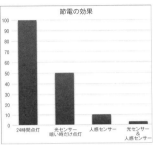

　人感（動作）センサーは、micro:bitには内蔵されていませんが、外付けのユニット（下写真参照）を使うと可能です。プログラムは右のように、人が来た時だけLEDをONに、いなければOFFにします。

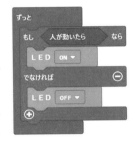

　さて、ここでもっと節約できる方法はないでしょうか。そうです。光センサーと人感センサーを組み合わせて、暗い時に人がいたらライトが点灯するようにすればいいのです。ここでプログラムしやすくするために、光センサーと人感センサーの間を「かつ」で結ぶと完成です。

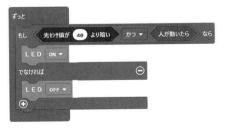

　この学習をした後、子どもたちはより節電の大切さを感じるとともに、プログラミングの良さに気づくことでしょう。

（齋藤　博）

人感センサー　　LED　　光センサー

筆者が開発を進めている、理科「電気の利用」に特化したユニット（2つのセンサーとLEDが内蔵）ユーレカ工房HP（http://eureka.niigata.jp）

だから、この実践は成功する！

水落　フィジカルプログラミングって、いろいろな LED が光ったり動いたりと、子どもたちがとっても喜びそうな学習ですね。

齋藤　先生方の研修会でも、よくその話をします。実際に micro:bit にアイコンや文字が表示された時の驚きや笑顔が忘れられないですね。

水落　私は、バーチャルからフィジカルへの難しさや楽しさがあるなあと思いました。ロボットを使った授業を見せてもらった時、画面上では90度回るけれど、実際のロボットはうまく動かなかったり倒れてしまったりして、それを直そうと必死に取り組んでいる子どもたちがいました。

齋藤　LED を点滅させる部分もそうですよね。コンピュータはしっかり点滅しているんだけど、人間が点滅を認めてくれない。LED を点滅させる部分は、実は L チカ（LED をチカチカさせるという意味）と言って、ハードを扱う上での入門の定番なんです。でも、なぜか日本のプログラミング教育ではあまり扱われていないんです。

水落　そうなんですか。「釣りはフナに始まりフナに終わる」みたいなことですかね。

齋藤　信号機プログラムは、時間制御以外に、順に LED を制御していかないとうまくいかないので、自然に物事を細分化し、プログラムするという基本を身につけられる良い教材だと思います。

水落　「信号機」「電気の利用」は身近なものをもとにプログラミングするなど、興味がわく教材でいいですね。これを学んだ後では、それらの見え方が変わって見えるようになるんだろうなあと思います。これって、すごいですよね。ますます、プログラミング教育に期待したくなりました。

プログラミング×『学び合い』授業実践事例

プログラミングで
球体ロボットを動かそう

| 単元名 | 小学校 4 年以上 A 領域　総合的な学習の時間
「2 次元を動き回る球体ロボット　～Sphero BOLT を用いて～」（1 時間目／ 2 時間扱い） |

目　標	Sphero BOLT で自らが考えた形をプログラミングで行い、描かせることができる。
学　習	Sphero BOLT の動作に対する規則性やプログラミングアプリ Sphero Edu の使用方法を身につけ、自らが考えた形を描く。
評　価	主体的、創造的、協同的に取り組む態度を、児童の所作や言動から見いだす。

| 三つの柱との関連　育成すべき資質・能力 | 1）「何を知っているか、何ができるか（個別の知識・技能）」
・プログラミング体験活動を通し、Sphero BOLT やプログラミングアプリ Sphero Edu に触れることで、コンピュータによる制御の仕組みに気づいていく。
2）「知っていること・できることをどう使うか（思考力・判断力・表現力等）」
・プログラミング体験活動を通し、試行錯誤をしながら、Sphero BOLT が効率よく動作する方法について、妥当な考えを表現する児童となる。
3）「どのように社会・世界と関わり、よりよい人生を送るか（学びに向かう力、人間性等）」
・プログラミング体験活動を通し、身近な制御されている機器について、興味や問題意識をもち、追究することができ、日常生活を改めて考える児童となっていく。 |

本学習にあたって　〜コロコロ転がる Sphero BOLT〜

　子どものデジタル機器に対するハードル
は、かなり低いと思います。プログラミン
グをパソコンで実行する授業の経験は、栄
光（2019）[1]の調査によれば、15.2％の小
学生はプログラミングをしたことがあると
回答しています。しかし、ロボット教材を
使ってプログラミングをしたことがある子
どもは、1.1％と40人学級に1人いる程度
が現状のようで、ロボットをプログラミン

図1　Sphero BOLT

グで動かす経験値はかなり低いようです。図1の「Sphero BOLT（スフ
ィロボルト）[2]」という球体ロボットを「Sphero Edu」というプログラ
ミングアプリを用いて動かす授業実践をご紹介します。

　この Sphero BOLT の利点は、水の中でも動作することができるよう
に駆動部分や電子基板が密閉されていて、多少の衝撃には強く、まっす
ぐ走ることができます。また、15,000円程度で、大手量販店でも取扱が
あり、入手しやすく、学校導入への障壁が少ないでしょう。プログラミ
ングアプリは、ダウンロードでき、無料で手に入ります。また、タブレ
ット PC と Sphero BOLT は Bluetooth で接続され、比較的接続が安定
していて、接続で困ることはほとんどありません。

　プログラミングアプリの Sphero Edu は、ビジュアル系プログラム言
語の1種であり、Scratch 等でプログラミングをしたことがあれば、違
和感なくプログラミングを行うことができます。

　例えば、図2のような辺の長さが等しい正三角形で合同な図形です。し

＊1　株式会社栄光「プログラミング教育に関する意識調査」2019年。
＊2　スフィロ社が開発したアプリを使ってプログラミングができるロボットボール。詳しくは、HP
　（https://sphero-edu.jp/）を参照のこと。

かし、Sphero BOLT を移動させてこれらの正三角形を描かせるプログラミングは異なります。例えば、図３のプログラムはどの正三角形を描いたものでしょう。「プログラム開始」の次に「ロール０°」とありますが、図２のＡ、Ｂ、Ｃどの点から出ているのかこれでわかります。

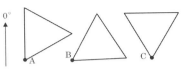

図２　Sphero BOLT が描いた正三角形

ロール０°とは、Sphero BOLT の回転角度が０°を意味しますので、回転せずに動き出しているＡを出発したと判断できます。また、ロールを実行し、そ

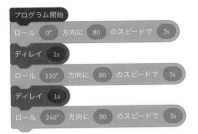

図３　三角形を描くプログラム

の内容が終わればSphero BOLT は止まりますが、動いている物体には慣性がはたらくためすぐには止まりません。そのため、次のロールの実行に影響が出ます。そこで、ロールとロールの間にディレイ１ｓ（停止１秒）という命令を与え、完全に動きを止めてから、次の命令を実行させます。

　図２のＢはロール30、ではＣは何度でしょうか。

　図３の３ｓとは３秒進むで、進む距離を速さと時間を指定して決めます。プログラム実行後正三角形が描けたかは、アプリの中にある「ロケーション」という機能で描いた軌跡を可視化してくれますので、描いた形が予想されたものと同一かどうかの判断に役立ちます。正三角形を書くという目標を達成し、ゴールである正三角形を描けたとしても、過程は１つではないところが、このプログラミング教育の楽しいところです。

　子どものプログラミング、ICT に対する抵抗感は低いのですが、スキルの差はあります。そこで、タブレットPC は１人１台ではなく、グループに１台となるように複数人でグループを組ませます。今回は２人で１台のタブ

図４　プログラミングする子ども

レット PC を貸与しました。この状態であれば、気軽に意見交換をしま
すし、対話的な学びがそこかしこで発生します。もちろん子どものさま
ざまなスキルは、どんどん上がり、プログラミングのスキルも向上して
いきます。つまり深い学びもたくさん見られます。

　子どものプログラミングに対する取組の意欲は非常に高く、間違えて
も笑顔でいます。仲間を攻撃することはありませんし、むしろ、間違え
れば間違えるほど次の修正に対する意欲が高まるようです。私たちはこ
の状態を「エラーで笑顔」と称します。あなたも主体的な学びを目にす
ることができることでしょう。

● 評価の設定　〜正三角形を描こう〜

　総合的な学習の時間を用いて本授業実践を行っています。文部科学省
の「小学校プログラミング教育の手引き（第三版）」*3では、プログラミ
ング教育のねらいを3点定めています。その中の1つに「各教科等の内
容を指導する中で実施する場合には、各教科等での学びをより確実なも
のとすること」とあり、本授業実践は総合的な学習の時間で小学校4年
生以上を対象としていることから、あくまでも総合的な学習の時間の目
標に準拠する必要があると考えます。学習指導要領によると知識・技能
では、「探究的な見方・考え方を働かせる活動で、課題に関わる概念を形
成し、探究的な学習の良さを理解する」とあります。先ほども書きまし
たが、「エラーで笑顔」な授業の中では、探究的な学習の良さを子ども自
身が理解しているからこそ、この姿が表出して見えることからも、プロ
グラミング教育は、総合的な学習の時間ととても相性が良いと言えます。

　探究的な学習の過程を形成するためには、複数の子どもで1台のタブ
レット PC の利用、課題の内容はよりシャープに「正三角形を描こう」
「思い通りの形を作ろう」という端的な課題の設定、視覚化できる評価項

＊3　文部科学省「小学校プログラミング教育の手引き（第三版）」令和2年2月,pp11.

目の用意等を行うことが大切です。

 学習　～向きを変える角度はどこが基準？～

　以下の発話プロトコルは、Sphero BOLT の回転角度について話している場面で、このグループは A と B の 2 名です。Sphero BOLT は、方位磁針と同じ特性があり、方位磁針は、どの場所で測定しても北を指し、右周りに90度で東、180度で南、270度で西となります。この考え方でSphero BOLT の回転の角度が考えられます。しかし、この考え方を示すことをあえて授業者は省きます。この考え方を理解していないため、子どもが試行錯誤をはじめるきっかけを無理につくるのです。

児童A　正三角形は60度だから、まっすぐ進んで60度にすれば次の辺ができるよ。

児童B　じゃ、このプログラムでいいよね、スタート押すよ。

児童A　あれ？（笑い出す、不思議そうな顔を浮かべる）なんで？　なんで？

児童B　どうして（自分らの予想図（図5A）を指さしながら）のようにならなくて（図5B）なるんだろう？

図 5A　　　　　　　図 5B

図5　Sphero BOLT の軌道

 評価　～正確な図形が描くためには角度が決め手～

　このようなミスが出ると、子どもはすぐ笑い出します。でも視線は、「ロケーション」で可視化された軌跡を見ています。その内に90度を入れてみます。やっと右回りに回転角度を示す必要があることに気づいていきます。このことを授業者が説明する必要はありません。ほんの数分で子どもは Sphero BOLT の動きの特性を見いだしていくのです。

　可視化できる「ロケーション」の機能とシンプルな課題により評価を子どもに任せる。そうすれば、授業者のプログラミングの力量が高くなくても、プログラミング教育は実行可能なのです。　　　　　　　（桐生　徹）

だから、この実践は成功する！

水落　このロボットを使った授業、未来を感じさせますね。

齋藤　ビジュアル型言語 Scratch でやった「多角形の書き方」（116頁）を思い浮かべました。パソコン画面のネコが、画面を飛び出して、実機として動き回るなんて、おもしろいですよね。

水落　ビジュアルプログラミングとフィジカルプログラミングをつなぐことができる実践ということでしょうか。

齋藤　そうなんです。今までは、ビジュアルプログラミングでやることと、フィジカルプログラミングでやることは、内容が異なっていましたよね。例えば、先ほど多角形の描き方をやったとしても、フィジカルで多角形を描くことはできませんでした。でも、Sphero を使えば、ビジュアルとフィジカルを通した学習が可能になります。

水落　実践部分にありましたが、4年生以上で実施可能ということや、試行錯誤した際にコミカルな動きで、エラーでもみんな笑顔になるのがいいですね。楽しみながらできるのが、最大の良さですね。

齋藤　ロボットを使ったプログラミング学習は、いろいろ開発されていますが、今までロボットを自由に回転させるのは無理でした。右や左に曲がるとかはできますが、自由に360度向きを変えられるのが、Sphoroロボットの良さですし、Scratch の学習がそのまま生かせます。

水落　また、教師としても、球体が動くので、学習状況がつかみやすいという利点もあります。

齋藤　ハードとソフトが一体になって、より発展性のある学習が可能になりました。子どもたちが相談しながら、必死になってゴールを目指している姿が思い浮かびます。

プログラミング×『学び合い』授業実践事例

Scratchでドローンを飛ばそう

単元名	小学校4年以上A領域　総合的な学習の時間 「バーチャルな立体空間を体験しよう」（1時間目／2時間扱い）

目標	バーチャルな仮想空間内で、ドローンの飛行ルートを三面図を利用して決め、飛行ルート通りに飛ばすプログラミングを組み、ドローンを予定通りにゴールへ着地させることができる。
学習	5段階の難易度のステージで、ドローンをゴールへ着陸させる。飛行ルートは見取図と3面図に表現し、予想した飛行ルートで飛ばせる。
評価	主体的、創造的、協同的に取り組む態度を、児童の所作や言動から見いだす。

育成すべき資質・能力　三つの柱との関連

1）「何を知っているか、何ができるか（個別の知識・技能）」
・Scratchによるプログラミング体験活動を通し、プログラミング言語に触れることで、プログラミングの扱いについての基礎的な操作方法を取得できる。

2）「知っていること・できることをどう使うか（思考力・判断力・表現力等）」
・プログラミング体験活動を通し、友と試行錯誤をしながら、画面上のドローンを飛行させる方法について、妥当な考えを表現する児童となる。

3）「どのように社会・世界と関わり、よりよい人生を送るか（学びに向かう力、人間性等）」
・プログラミング体験活動を通し、コンピュータ上の動くドローンに興味や問題意識をもち、追究することができ、プログラミング的思考の初歩を理解し、実生活に活かす力の萌芽を生む。

目標　〜画面内でドローンを飛ばそう〜

　PC やスマホを使ったゲームでは、２次元の画面の中にバーチャル空間が存在し、２次元であるにもかかわらず３次元の立体を表しています。アニメでもスクリーン上で３D表現化した主人公が２Dの画面の中を立体的に飛び回ります。このようなバーチャルな立体空間の中で、ドローンにプログラミングを組んで命令し飛行させるドローン飛行プロジェクトを開発[1]しました。

　インターネットで Scratch を探し、画面の検索バーから「kirikiri mai7928」と入力すれば、５つのステージの選択画面が表示されます。本プロジェクトには５つのレベルの異なる空間（ステージと称します）があり、レベル１のステージ１を選択し始めましょう。図１はステージ３のプロジェクト画面です。図１の③ステージエリアには壁があり、ドローンの飛行を阻害します。この壁の形や配置でレベルが異なります。この壁をよけながらドローンをゴールへたどり着かせるプログラミングを、図１の①ブロックパレットから任意のブロックを選択し、図１の②

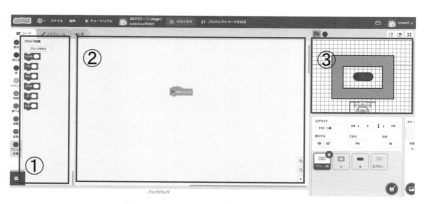

図１　ステージ３のプロジェクト画面

＊1　桐原一輝・桐生徹・大島崇行「空間認識力を育成する Scratch プロジェクトの開発と評価」『第18回臨床教科教育学セミナー2019』2020,pp.64-65.

スクリプトエリアで組みます。

　このプロジェクト活用目的は、2つです。

　目的1　ビジュアル系プログラム言語の習得

　目的2　空間認識力の育成

　では、この目的に沿って解説をします。

　目的1のビジュアル系プログラム言語の習得とは、Scratch 等と同等なビジュアル系プログラム言語ですので、プログラムを体験したことのない子どもでも、感覚的にプログラムを組み、論理的思考を養うことができます。詳しい手順は、「コラム❺（144〜146頁）」をご覧ください。

評価の設定　〜壁にぶつからずにドローンをゴールへ導こう〜

　目的2　空間認識力の育成は、本章で紹介しているホビードローン（「プログラミングでホビードローンを飛ばそう」148〜152頁を参照のこと）を用いた授業実践において、8割を超える子どもが空間認識力を向上させることができました。ホビードローンを飛行させるだけでは空間

認識力は向上させられないため、手立てを考案し、教材開発をしています。詳しくは、そちらをご覧ください。今回のバーチャル空間内のドローンの飛行では、適当な数字やブロックを選択し、飛行させても、ドローンをゴールへとどり着かせることは可能です。しかし、ねらいである空間認識力の向上をめざしていることから、そのための教材開発をしました。

　図2は、子どもたちに配付した学習カードです。見取図からス

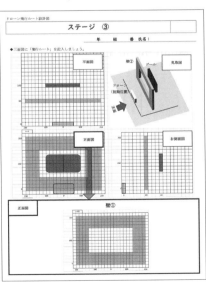

図2　ステージ3の学習カード

テージ３のバーチャル空間内の壁の配置やド
ローンの位置を認識します。バーチャル空間
の上空から見下ろした平面図で奥行きを認識
し、右側面図からドローンの位置と壁やゴー
ルの高さを認識し、正面図から左右の広がり
を認識し、それら３つの認識を統合して、グル
ープの飛行ルートを決定します。この認識の
統合を念頭操作と言い、平面と立体の往来を
促す手立てがこの開発教材の良さです。各自
のイメージした飛行ルートを見取図内で表現
し、可視化することで、グループの子どもたち
が共通言語として飛行ルートを話題にでき、
子どもの対話を促すことにもつながります。

図3　プログラム例

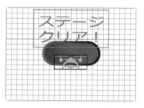

図4　ステージクリア

　この作業で、ドローンを前進させたり、左右に飛行させたり、その飛
行距離を決定し、図３のようなプログラムを組んでいきます。プログラ
ムが組めたら実行です。ゴールへたどり着けばステージクリア！　が図
４のように表示され、次のステージへと進みます。しかし、クリアでき
なくても、子どもたちは直ちにプログラムを修正して実行を押すことが
できます。ここが実際にホビードローンを飛行させるプログラムの修正
場面と異なり、本プロジェクトの良さでもあります。

　ホビードローンのプログラミングの修正場面では、ホビードローンの
接続状態、電池の残量の把握等にも時間がかかり、１時間の授業の中で
何回も飛行させられるわけではありません。本プロジェクトは、プログ
ラムの不具合を見つけ、修正が終われば直ぐに実行させることができ、
１時間の授業の中で何回もトライ＆エラーを繰り返すことが可能となり
ます。その結果、子どもは、どんどんステージをクリアする喜びと楽し
さを得て、ゲーム感覚で授業を進めます。

　この授業の評価は至って単純なため、このような子どもの姿が表出す

るのです。ドローンを予定通りの飛行ルートで飛ばしゴールへ到着させ、ステージをクリアしていくという一連の授業展開は、到達目標が明確であることで起こる現象です。教師が授業の評価者でなく、子ども自身が評価者となりますので、授業の達成を一番喜ぶのも子どもとなります。目標と評価、そのための学びをすべてコントロールできるのが学習者自身という授業デザインがこのプログラミング教育では可能です。

学習　〜1つの画面で共同作業〜

　図5は、プログラミング中の子どもたちの様子です。ステージ3に進んだ時の子どもの発話です。プログラミング教育では、アクティブ・ラーニングが成立しにくいという報告もありますが、図3のように、学習カードの情報と入力画面とを見比べながらの入力で、視線が画面とカードを行き来するため、『学び合い』が発生します。

図5　プログラミング中の子どもたち

児童A　この壁に当たらないようにするには、どれくらい進むの？

児童B　カードの方眼を数えれば、50進めばいいみたいだよ。

児童A　じゃ、僕が50って入れるね。

児童B　ちゃんと入れてね、間違えると壁にぶつかっちゃうよ。

評価　〜学び合えばプログラミング未経験でもゴールできる〜

　本プロジェクトで作成したScratchドローンプログラミングは、最終ゴールを子ども自身が判断できるため、教師は、ファシリテーターになればいいのです。プログラミング教育では、主体的・対話的で深い学びの3つの学びが融合された授業がどんな教師が行っても表れます。プログラミングがわからないというお悩みの教師であっても、この授業は可能です。

（桐生　徹）

コラム⑤　ドローン飛行プロジェクトの構成と使用方法

1．プロジェクトの開き方から準備画面へ

図1-1　Scratch での検索結果と
5つのステージ

図1-2　プロジェクトページ　ステージ5

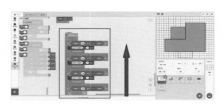

図1-3A　ステージ5のプロジェクト画面

図1-3B　入力準備プロジェクト画面

①「Scratch」を 起 動 し ま す（https://scratch.mit.edu/）。

②ページ上部の検索バーに「kirikirimai7928」と入力し、検索すると、図1-1で示される5つのステージが表示されます。ステージ1より難易度が5段階で難しくなります。

③図1-2：任意のステージをクリックすると、任意のステージでのプロジェクトページ（図1-2）が開きますので、右肩上にある「中を見る」をクリックします。

④図1-3A：この画面をプロジェクト画面と言います。図3-A の枠で囲まれた部分が見えなくなるように、上方へ移動し、図1-3B の画面の状態にします。

2．プロジェクト画面の説明

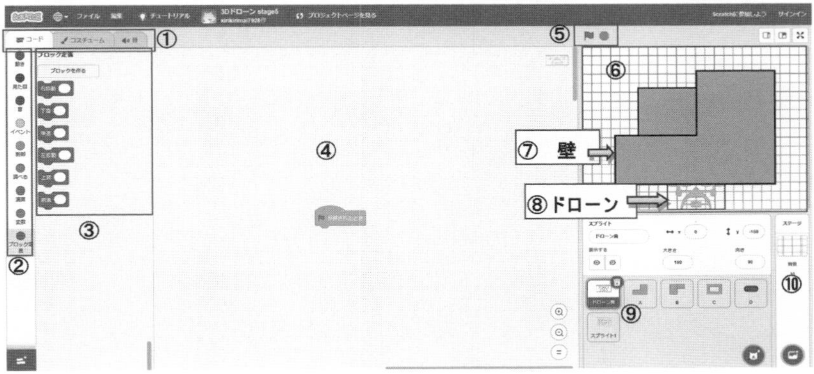

図2-1　プロジェクト画面の説明

　図2-1のプロジェクト画面です。この図の中に書かれている①〜⑩について以下で説明します。

①「コード」「コスチューム」「音」：コードやコスチューム、音の編集画面を選択し、表示させることができますが、本プロジェクトでは「コード」のみ使用します。

②ブロックのインデックス：任意のブロックを表示させることができます。本プロジェクトでは主に「ブロック定義」を使用します。

③ブロック画面：②で選んだカテゴリーのブロックが表示されるところです。ここに表示されたブロックをドラッグし、④へ表示させます。本プロジェクトでは「右移動」「左移動」「上昇」「下降」「前進」「後退」の6つのブロックを使用します。

④プログラミング画面：③から任意のブロックをドラッグし、この画面でプログラミングを行います。本プロジェクトで最も使用する画面です。ブロック「　が押されたとき」の下に③で選択したブロックを接続していき、プログラムを組んでいきます。

⑤実行・停止：ここをクリックすると、プログラムの実行と停止ができます。

⑥プログラミング実行画面（三面図の正面図）：ここで自分のプログラミングの実行結果を見ることができます。ただし、プログラミング実行画面を触ると壁の位置やドローンの位置関係がずれて、エラーが起こることがあるので注意が必要です。

⑦⑥の画面内にある壁です。

⑧これがドローンです。このドローンがプログラムにより、⑥画面の中を飛行します。

⑨スプライト選択：スプライトを編集する際に使用します。本プロジェクトを活用する際には使用しないでください。基本は「ドローン（黄）」を選択しておいてください。

⑩ステージ編集：ステージを編集する際に用いるものですが、本プロジェクトでは使用しません。

３．プログラムのしかた

ア）　③の６つのブロックの中から１つを選び、「🏁が押されたとき」の下へドラッグします。

イ）　図3-1は、「前進（　）」ブロックを選択し、ドラッグした状態です。「前進（　）」ブロックの（　）の中に任意の数字をいれます。図

図3-1　プログラム例

3-1では「前進(80)」と入力すれば、⑧のドローンが80cm前進します。

ウ）　イ）でプログラムが完成したとして、⑤のボタンの「🏁」のほうを押すと、プログラムが実行され、⑧のドローンが前進します。実際はドローンが前進すると⑦の壁に近づくので、⑦の壁が大きくなります。これは遠近法の考え方を身につけることにもなります。

エ）　プログラムを停止したい時は、⑤の〇ボタンを押します。

（桐生　徹）

だから、この実践は成功する！

水落　これは楽しそうな学習ですね！　子どもたちは大喜びでしょう。

齋藤　そうですね！　ゲーム感覚で学べますから。子どもたちは小さい頃から2次元のゲームに慣れていますので、無理なく学習に入れるんじゃないでしょうか。

水落　そうですね！　また、この学習の後に、本書でも紹介している実際にドローンを飛ばす学習も予定されているんですから、もう夢中になるでしょう。

齋藤　では、2次元のバーチャルでドローンを飛ばす価値はどんなことだと思いますか？

水落　そうですね。何度もやり直しが簡単にできるってことですかね？それに……ドローンがなくてもできます。

齋藤　そうですね！　だから、電池も要らないし、充電もしなくていいんです。実際に飛ばそうとすると、順番待ちも必要です。

水落　なるほど。そうなると、学習は二の次になってしまう、なんてことにもなりかねませんね。

齋藤　そう。だから、こういうバーチャルな環境でしっかりと学習をしておくことが大切なんです。

水落　なるほど。1人1台のPCがあったほうがいいですか？

齋藤　いいえ。むしろ、この学習では2人で1台のほうが効果が上がるでしょう。学習カードと画面でお互いの学習の状況を見える化しているのも、2人で1台の環境をより効果的にしていると思います。

水落　なるほど。その通りですね！　あと、この実践は「kirikirimai7928」というページで実際に読者の方々が同じ実践に取り組めるのもいいですね！

齋藤　まさに！　ICT活用の本で、こういうことに取り組めるのって魅力ですね！

プログラミングで
ホビードローンを飛ばそう

単元名	小学校 4 年以上 A 領域　総合的な学習の時間 「3 次元空間を体験しよう」（1 時間目／ 2 時間扱い）

目　標	ドローンの飛行ルートを三面図を利用して決め、飛行ルート通りに飛ばすプログラミングを組み、ドローンを予定通りにゴールに着地させることができる。
学　習	三畳の広さで高さ180cm の飛行空間中をドローンを用いて、スタートと120cm の高さにあるゴールへ着陸させる。 飛行ルートは見取図と三面図に表現し、予想した飛行ルートで飛ばせる。
評　価	主体的、創造的、協同的に取り組む態度を、児童の所作や言動から見いだす。

育成すべき資質・能力 三つの柱との関連	1）「何を知っているか、何ができるか（個別の知識・技能）」 ・プログラミング体験活動を通し、ドローンやプログラミング言語に触れることで、コンピュータによる制御の仕組みに気づいていく。 2）「知っていること・できることをどう使うか（思考力・判断力・表現力等）」 ・プログラミング体験活動を通し、試行錯誤をしながら、ドローンを思い描くような飛行をさせる方法について、妥当な考えを表現する児童となる。 3）「どのように社会・世界と関わり、よりよい人生を送るか（学びに向かう力、人間性等）」 ・プログラミング体験活動を通し、身近な制御されている機器について、興味や問題意識をもち、追究することができ、日常生活を改めて考える児童となっていく。

目標　～プログラミングでドローンを飛ばそう～

『ドローン』、どんなイメージがありますか？

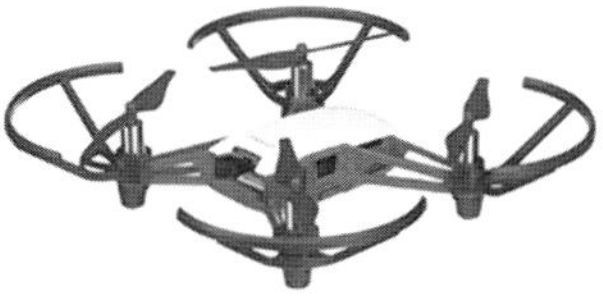
図１　Tello

やはり未来を感ずる飛翔体でしょうか、それとも、得体の知れない物体でしょうか。最初に世に出てきた時は、ドローンの飛行に関する規制がほとんどなく、徐々に整備されていきました。航空法*1で規制されないドローンは総重量200g未満の重量で、このようなドローンは特にホビードローン等という名称で呼ばれています。

今回授業実践で使用した機体は、重量80g程度であり、体にぶつかれば、もちろん痛いですが、けがをするまでにはいたりにくいホビードローンです。ただし、ホビードローンであっても、航空法だけで規制されているわけではなく、小型無人機等飛行禁止法により飛行を禁止される空間はありますが、体育館や広い教室環境での飛行を想定していますので該当しません。

今回使用するホビードローンは、図１で示す「Tello」です。DJIとインテルの技術供与を受けたRYZE社が開発・生産し、（株）FLIGHTSが13,000円程度で販売しています。専用コントローラー（別売）もありますが、アプリをタブレット型端末にインストールすることで、タブレット型端末をコントローラーにすることも可能です。

また、プログラミングでTelloを飛行させるためには、（株）ORSOが開発した「DRONE　STAR」プログラミングというプログラム専用アプリが必要で、これは有料となります。このプログラム言語はビジュアル系言語であり、Scratch等の経験があれば、さほど難しくありません。

Telloを導入する利点は、ホビードローンにもかかわらず、カメラ映像が手元に綺麗に送られてきたり、比較的安定した飛行ができたり、ぶ

＊1　寺田麻佑「ドローンと法規制」『国民生活』1,国民生活センター,2018,pp.12-15.

つかっても壊れにくい等があります。ただし、タブレット型端末とTelloとの接続は、Wi-Fiのため安定性に欠ける面が多少あります。

 評価の設定　〜ドローンをゴールさせるにはどうしたらいいか〜

図2にあるようなドローンが飛行できる空間（ステージと称します）を設置して、この中で飛行させます。底面には、プラスチックダンボール（90×180）を3枚敷き、20cm間隔で直線を引き、20×20の正方形のマスを作り、飛行ルートを設計する時、飛行距離を直接測らなくても目視で測定できるようにします。

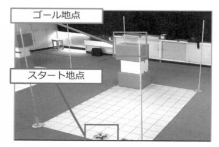

図2　プラットホーム

このプラットホームの4隅には、180cmの丸棒を立てることで、180×270×180の空間ができ、ここをステージとします。丸棒にも20cm間隔で線を引き、高度を目視で測定できるようにしてあります。

図2の右側から4マス目の20×20の範囲をスタート地点、反対に120cmの高さのダンボールがゴールです。子どもは、スタート地点からゴールに飛行させるルートを考えます。

プログラミングを行うにはタブレット型端末が必要です。プログラミングのスキルが高い子どもばかりではなく、スタートボタンを押すだけでも、怖がる子どもがいます。そこで、スキルの差を埋めるために協同的な学びをデザインし、『学び合い』を促すため、2、3人でタブレット端末1台を使用するグループを設定します。

グループで1つの飛行ルートを決めていくためには、個人が考えるルートを共有化するため、空間上のルートを可視化する必要があります。そこで、小学校4年の算数で習得した「見取図」の中に飛行ルートを描かせます。それが図3や図4の中心の図です。

　見取図の特長として、正面手前から奥行きの直線が斜めで表現されるため、ドローンの進行方向を変える場所で、ドローンが90°で向きを変えても90°では表現されません。

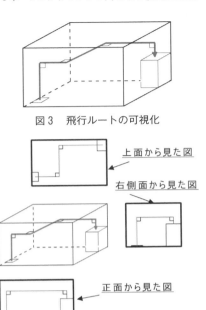

図3　飛行ルートの可視化

上面から見た図

右側面から見た図

正面から見た図

図4　手立て　三面図

　そこで、どのような角度でドローンが向きを変えているのかを読みとるために、見取図の特定の三面（上面、右側面、正面）から見た三面の図（これを見取図を含めて三面図と称します）で表し、平面で示された飛行ルートを可視化して、頭の中で立体的に飛行ルートを想像できるようにし、グループでの共有化の手立てとします。図4がその三面図です。

　平面で示されている三面図から飛行ルートを読みとるためには、図では右に表現してもある位置から見ると左に見えるという視点移動が起こるため、空間認識力が弱いグループは、図5のように手をドローンに見立て、あたかもドローンが飛行しているかのように「左90°」「前進50cm」などと体現して、飛行ルートをイメージしていく姿が見られます。空間認識力の不足している部分を体感で認識する姿がそこかしこで見られ、学び合う姿となっています。

　飛行ルートが決まると次はプログラミングです。三面図を見ながら上昇、回転、飛行距離のコマンドを組み合わせます。いよいよドロ

図5　体で飛行ルートを検証

ーンを飛行させるためにプログラムを走らせます。スタート地点でドローンを置く向きを少しずらすだけでも、2 m先では右や左にかなりずれてしまい、ゴールはなかなか難しいものです。無事ゴールできると、そのグループは大喜びで、周りの子どもも拍手をして称える姿が見られます。

学習　～ドローンを手で見立てて空間を認識～

　以下の場面は、飛行ルートの設計をしているところで、三面図に飛行ルートを表現している最中のグループの活動場面です。三面図での左右が理解できず、手をドローンに見立てて飛行させている様子です。

児童A　1回転して、すぐ、あとはまっすぐ飛んで着陸させようよ。

児童B　2回くらい回転させるとおもしろいと思う。

児童A　わかった。じゃ、ここで90°回転させて、あれ、これ右だっけ、左だっけ？

児童C　ちょっと、こうなるのだし。（手のひらでドローンが飛ぶ様子を再現している、図5のように）

児童B　立ってやってみようよ、実際に歩くね。ブーン。

児童A　あ、そうか右なんだ。

評価　～3つの学びを体感～

　ホビードローンを使ったプログラミング教育は、プログラミング教育のねらいの達成だけではなく、空間認識力を向上させることもできます。しかも、教師があれこれ言わなくても、主体的な学びも、対話的な学びも、深い学びも、すべてが揃っている授業ができるのです。

　ドローンがゴールできなかった時の子どもの悔しそうな顔。この悔しさをバネに、プログラムを修正し、再チャレンジする主体的な学びの姿も見ることができます。新学習指導要領のめざす授業改善の3つの学びは、プログラミング教育を行えば、どんな先生でも一度に3つを実現可能です。

（桐生　徹）

だから、この実践は成功する！

水落　ドローンが実際飛んでいると、最高に楽しいでしょうね。私も実際に飛んでいるところを見ましたが、危険でもないし。

齋藤　北京オリンピックでは、編隊飛行をしたそうですよ。

水落　もう1つのバーチャルでドローンを飛ばそうとは、どこが違うのでしょうね。

齋藤　バーチャルで学んだ空間認識力やプログラミング的思考を生かして、さらに実機で学習することは素晴らしいと思います。これが、フィジカルプログラミングの醍醐味ですし、実機を使うことでさまざまな問題も発生しますが、それをもとに試行錯誤し、解決していく場面もプログラミング学習としてとても大切なところなんです。

水落　私も、同じ意見です。フィジカルプログラミング抜きで、バーチャルの世界だけで済ませないあたりは、これから大切にしてほしい部分ですよね。

齋藤　また、この実践では子どもたちが関わり合いながら学ぶ姿がたくさんあります。飛行ルートを読み取るために、みんなでたどってみたり、ドローンを手で見立てて空間認識したりする場面など、深い学びに結びついています。

水落　ドローン1つとっても、食いつきそうな教材ですが、この中に『学び合い』が成立するための工夫がいろいろ詰まっているのですね。教師があれこれ言わなくても、子どもたちが学んでいける素晴らしい実践だと思います。

齋藤　プログラミング教育では、教師が教え込むのではなく、子どもが試行錯誤しながら見つけたことを他の子へと伝え学んでいくことが大切です。この実践では、このすべてが揃っていると言えるのではないでしょうか。

コラム ⑥ 自分(たち)だけの Wikipedia をつくる楽しみ 〜Scrapbox〜

こんな環境、方法、ツールを必要としている！

　授業と事務仕事で２つの場面を想定してみます。

　授業では、子どもたちが校舎内に咲く自然を調べることにしました。「花」「昆虫」「樹木」……というカテゴリの中に「桜」「ススキ」など細かい情報も集められます。これらの情報を目的の言葉（キーワード）で整理して学校内外で見ることができないかと考えました。

　事務仕事では、情報のやり取りは（先述した）Slack でできるとして、その都度の起案書や行事の詳細を提案したり、記録したりして次に役立てることを簡単にできるものがないかと探していました。そんな時は「Scrapbox」をおすすめします。

アプリ、ソフトの紹介

　「Scrapbox」とは「Nota」という会社が提供している、Wiki というサー

ビスを使いやすい形にした情報整理のためのサービスです。Wiki というサービスを使ったもので一番有名なものはWikipedia（ウィキペディア）だと思います。多くの方の善意による情報提供によって運営されているインターネット上の百科事典です。これらは特別なアプリとかを使って書かれているものではなく、背景に wikiというサービスが動いている場合、Web上で簡単に編集ができます。Scrapbox はその Wiki をもっともっと手軽に使えるようにしたものです。有料版もありますが、

個人の利用や非商用の利用の場合は無料です。他に類を見ないサービスなので（Wikipedia が一般的に知られているサービスでは一番近いです）実際に見ることが一番と思います。最近、わたしはブログ代わりに使っています。仕組みに興味ある方は以下をご覧ください。

「abetakalab：https://scrapbox.io/abetakalab/」

なぜこのアプリ、ソフトを使うのか

このサービスの一番の特徴は、情報（言葉）同士を「＃」や「[]で囲む」ことで、情報同士を簡単につなげる（リンクを張る）ことです。Twitter や Instagram 等で皆さんも「＃（ハッシュタグ）」を付けたことがあるかもしれませんね。同じような感覚で自分だけの情報を集めて、かつ、つなげて整理できるのです。最初の例で言えば、集めた情報に「＃ 花」とつけたり「[花]」と付けたりして情報を集めていき、後で「＃ 花」や「[花]」をクリックするとそれに関連する情報だけが表示されます。上の図では「＃ カフェ」をクリックしたところ、わたしが収集した「カフェ」情報すべてが表示され、興味あるカードをクリックするとそのカードが拡大して表示されたわけです。この「＃」「[]」だけで情報が整理されていくのがとても魅力的です。

このサービスは自分だけの非公開、公開、複数人だけで使う共有の３つが選べます。学年や学校内で情報を共有し「＃ 行事」や「＃ ２学期」「＃ 令和元年度」のように印をつけていくことで（１つのカードに複数の「＃」「[]」が付けられます）自分（たち）だけの Wikipedia ができあがることでしょう。

代替アプリ、ソフト、サービス

情報の蓄積や整理のためのツールとしては、Evernote や OneNote などがあります。しかし、これらのサービスはアプリやソフトで使うことが前提で、その背景にはデータベースの発展形の意味が濃いです。Web 上（ブラウザ）で使えること、wiki というどんどん情報同士をつないでいく Scrapbox とは少々意味合いが異なり他に類を見ないサービスです。　　　（阿部隆幸）

プログラミング教育の今と未来

桐生　徹（上越教育大学教職大学院教授）

大島崇行（上越教育大学教職大学院准教授）

齋藤　博（ユーレカ工房）

水落芳明（上越教育大学教職大学院教授）

 ## なぜ今、プログラミング教育なのか

水落　第2章の齋藤さんの原稿においても論じていますが、まずは、なぜ今、プログラミング教育なのかという話から座談会を進めたいと思います。

大島　一般的な、正攻法的な言い方からいきますと、Sciety5.0の時代に向けて、今後ますますAIを始め、コンピュータ技術が社会や実生活に入ってくる中で、そもそも身近なものについて学ばないという選択肢はもうなくなってきているんじゃないか、というのが基本的な路線だと思います。

桐生　私は、プログラム言語をかじること。言語はあくまでもコミュニケーション手段だから、コンピュータとのコミュニケーション手段を、いわゆるブラックボックスじゃない状態にするためには、少しは知っておいたほうがいいんじゃないかなと思っています。

水落　かじるとか、少しは知っておいたほうがいいと、強調した理由は？

桐生　例えば、理科が実生活では役立たないと言われるようなことが、プログラミングにおいても同じように起こるんじゃないかなと。身近なスマホとかも実際はいろいろなプログラミングで動いているのに、その中身を知らないということが起こる……。

水落　あー、それがブラックボックス化ってことですか？

齋藤　プログラミングとか、さまざまなことを知らずに大人になってしまうことを考えると、AIが発達した時代に、結局、コンピュータに使われてしまうのではないか。これからの人間はAIを使って生きていかないといけないんだけれど、それが逆転してしまう。そうならないためにも、身近になってきたプログラミングを少しは知らないといけないんじゃないかと思うんです。

水落　みんながプログラマーになるために、プログラミングの勉強をスタートさせるということとは、ずいぶん違うんですね。

桐生　そりゃあ、そうですね。国が違っても言語を知っていれば、お互いに仲良くなれるじゃないですか。でも、お互いの間に何か分かち合う言語がなければ、コミュニケーションは困難ですから、AIも同じで、その間のコミュニケーションを少しは知っていれば、そんなに驚くことはないということですかね。

齋藤　産業界の要望というのは、当然あると思うんですよね。プログラマー不足とかあると思うんですが、全員がプログラミング学習をしたからといって、プログラマーが増えるとは限らない。でも将来、この学習をしたことがきっかけとなって、コンピュータを活用したものづくりの職業を目指すとか、そんなきっかけになるといいのかなとは思います。

水落　調理実習をしたことがなければ、パティシエになる人もいないだろうとか、ハンドベースボールをやったことがない人が野球選手を目指さないだろうとか、そういうことですか？

桐生　アサガオの栽培をすることで農家を養成するとか、誰も言わないですよね？　プログラミング教育ぐらいですよね、プログラマー養成とか言われるのは。

大島　私は、例えば、おじいちゃん、おばあちゃんはスマホに触れようとしないから、世の中の便利なサービスや情報を受け取れず、不利益を被っている部分があるといったようなことと似ていると思っています。

これから AI がより発達した時代になっていった時に、AI をうまく利用するのか、それとも AI に使われていくのか……、結局、プログラムの仕組みを知っておかないと、自分はよくわからないからといって、他人任せになってしまったり、AI の活用が倫理的に良いのか悪いのか、そういう議論が行われなくなってしまうのではないかと思うんです。

水落　日本以外の海外の国がそうやって動いて学んで知って、使いこなしている中、そして、さらに AI がどんどん発展していく中で、日本人だけが取り残されてしまうのではないか、と危惧しているという意味合いもあると。

桐生　子どもの立場からすると、興味関心の選択肢がこれでまた 1 つ広がったんだと思います。私が教えた中学生で、高専を出た後にゲーム制作会社に就職した子がいるのですが、その子は中学時代からずっと、コンピュータでゲームを作りたいという夢があったんです。でも、こういう子は正直、これまではレアケースでしたが、これからは、コンピュータに興味をもつ子もたくさん出てくると思うんですよね。子ども側から見たら、選択肢が広がるということは、いいことだと思いますね。

大島　学校の機能の 1 つとして、「公正な機会均等を一般市民に広く補償する」ということがありますが、もし、学校でプログラミング教育、プログラミングをかじらないということになれば、一方で家庭環境に恵まれているお子さんは、塾等でプログラミングに触れる機会がたくさんあるということになり、就職とかこれからの将来を考えた時に、フェアネスが保たれなくなると思います。

齋藤　小学校・中学校段階でプログラミング教育に接しないとしても、大人になってプログラミングを勉強すれば、それはそれでプログラムは組めるようになるとは思いますが、この小中学校段階で経験をしていないとなれば、やはりその差は大きいですので、不公平ですよね。

プログラミング教育の実際

水落　プログラミング教育は、そういう意図があって学校の中に入って
くるというのはわかりました。ただでさえ、世界一忙しいと言われてい
る日本の学校現場で、外国語が入ってきました、プログラミング教育も
入ってきましたって、また来たよ！　という感じがありますが、このプ
ログラミング教育は具体的にどんな場面で、授業とか実践とかをしてい
けばいいんでしょうね。

桐生　とりあえず、学習指導要領に載っているのは、3教科。算数・理
科・総合の3つですね。しかも単元の例示[*1]までされています。じゃ
あ、これは絶対に入れなきゃだめかというと、そうも書いていない。つ
いでに言うと、この教科以外もOK。さらについでに言うと、6年間で
何時間やりなさいとも書いていないので、極端な話、1時間1教科どこ
かでやれたらいいんです。

水落　じゃあ、1年生の入学式でプログラミングのフローチャートの話
を使って、校長先生が式辞で述べたら、もう必修は達成したという……。

桐生　おー、いいことだね。それを教科と取るかどうかは、わからんけ
どね。

一同　爆笑。

大島　一応、ここでフォローしておくと、計画的に行いなさいという、
それもフィジカルプログラミングをやるということは求められています
から、さすがにそれはアウトです。

水落　フィジカルをしなきゃだめなんだ。そうすると、算数・理科・総
合、それ以外でもOKという……それ以外ってどんな教科でできるので
しょうか？

桐生　図工・美術でのプログラミングを見たことありますよ。

[*1]　算数：第5学年「B　図形（1）正多角形」、理科：第6学年「A　物質・エネルギー（4）電気の利
用」、総合的な学習の時間「情報に関する探求的な学習」の3つ。

水落　私のゼミで、齋藤さんにやってもらった授業では、子どもたちが実際に作品を作っていたから、そういうのを文化祭の作品にしてもいいですよね。

齋藤　実際に、学校のクラブではやっていて、サーボモーターを使った太鼓をたたく人形とか、時計とか、さまざまな物を作っていました。

水落　そうすると、中学校でもやるんですよね？

桐生　中学校では、技術ですね。

水落　技術では、十分やれますよね。

大島　技術では、簡単なロボットを作る実践もありますよね。

桐生　中学校は現行のカリキュラムでも、やるということになっていますので、新たに入ってきたと考えると、やはり小学校ということですね。

水落　図工でもやれるし、目玉焼き調理器とか作るのもいいかもしれませんね。

大島　そこで、教科の必然性と合致するのかという問題があって、無理矢理ねじ込んでやるっていうのは、基本路線として望ましくないし、やはりそれで苦労するのは子どもたちになってしまうので、やはり教科の学習にとって価値のある必然性のある学習という流れにしていくのがポイントかなと思います。

桐生　それは、手引き*2に出ていて、ねらいが３つありますが、その３つめに書いてある内容ですね。

齋藤　きちんと教科と関連させてプログラミング教育をしようとすると、今の段階では非常にレベルが高いですよね。B領域の実践をいろいろと見ていても、これ効果的だなあと思う実践は少ないですし、むしろC領域で進めるのも１つの手かもしれない。

＊2　前掲「小学校プログラミング教育の手引き（第三版）」。３つのねらいとは、①「プログラミング的思考」を育むこと、②プログラムの働きやよさ、情報社会がコンピュータ等の情報技術によって支えられていることなどに気付くことができるようにするとともに、コンピュータ等を上手に活用して身近な問題を解決したり、よりよい社会を築いたりしようとする態度を育むこと、③各教科等の内容を指導する中で実施する場合には、各教科等での学びをより確実なものとすること。

桐生　手引きの第二版で、「楽しむ」という要素が入り込んできたんだけど、これまでのプログラミング教育は、先生もそうなんだけど、ちょっと難しく考えすぎていた。それで、授業が堅苦しくなってきたから、プログラミング教育をやることの楽しさ、それをどちらかと言えば、今推進している感じがありますね。

大島　プログラミング教育のための教科教育みたいな形になっていて、ちょっと難しくて、矛盾が出てきてしまっている……。だから、6年生の単元をゴール地点と考えて、後は逆算して、いろいろな楽しみや経験を各学年で積み重ねていくということが、6年間の計画になるといいんじゃないかな。

水落　その辺、みなさん共感ですか？

桐生　そうですね。

水落　私は、むしろ教科の中で扱うといいよねってなると思ったんですけど、そうではない？

齋藤　第2章でも述べているんだけど、プログラミング的な要素を加味した普段の授業、例えば、フローチャートの使い方をしっかり覚えれば、算数科や社会科でも、さまざまな面で使えると思うんですよね。そういう意味で言ったら、プログラミング教育の基礎的な部分をしっかり学習して、日頃からその考え方を使っていくというのが、今の現状から言えば妥当かなと思います。

桐生　そうですね、アンプラグド。あれは、子どもたちよりもむしろ先生たちにわかってもらいたいところなんだけど、日本人同士だと、ある程度しゃべれば、しゃべらなくてもわかるっていう部分があるじゃないですか。でも、それはコンピュータには伝わらないので、ある程度の言語化をきちんと手順を踏んで伝えないといけない。この訓練は、日本人が日本の中だけじゃなくて、諸外国に出る時のコミュニケーションの柱みたいなものでしょ。そういったことを子どもたちが、コンピュータを使わない世界でも同じように考えていけるようにするということが大事

だよなあと思いますね。

齋藤　曖昧な考えを、細分化して考えていくことを繰り返し行っていくことによって、いろいろな分野の理解が深まっていくと思いますね。

桐生　私もそう思います。

大島　今までの学習でも、そのような枠組み、思考は使っていて、小学校4年生の図形の分類等は、四角形の長方形と正方形ではどのようにして分けるかとか、さらに台形と平行四辺形の違いは？　等というのは、必然的にプログラミング的思考で分別していますし、齋藤さんの実践にもありましたが、6年生の水溶液を分ける、違いを見つけるといった単元でも、そのような思考を使っています。ですから、各教科でそういった思考を使うということは、これまでもしてきたけれども、それを今度は、授業デザインをする時に、もっと教師が意識的に組み込んでいくと、もっと効果が出てくるんじゃないかなと思います。

プログラミング教育を実践する上での困難さ

水落　実践の際の困難さの部分で、楽しさといった視点等を取り入れていけばいいんじゃないの、という話でしたが、そうは言っても現場の先生方が恐れているという面はあると思いますし、実際にやってみようと思った時には、いろいろな困難があると思うのですが、具体的にはどんなことがあるんでしょうか？

齋藤　物を購入したからあとはできると思っている人がほとんどなんですけど、例えば、Scratch はネットにつながっていればできるはずなのですが、20台同時にアクセスすると、コンピュータがみんなアクセス不能になって、固まっちゃうとか……。

水落　それは、ネットワークの回線の問題ですか？

齋藤　回線の問題なら太くすればいいので簡単ですが、むしろ校内のネットワークやフィルタリングの問題のほうが大きいこともあります。

水落　学校のＰＣでは、できない？

一同　笑。

大島　安全ということで、どんどんセキュリティーを高めちゃっているんです。

齋藤　どうやってもソフトがインストールできないとか……。

水落　確かにありますね。テレビ電話でやろうと思ったのに、テレビ電話をつなごうとすると、ある自治体の学校で、「テレビ電話不能です」ということになりましたから。

大島　文科省が YouTube で実践事例とかを公開していますが、学校から YouTube につなげないという……。

一同　笑。

大島　子どもが YouTube を見ると危ないというので、セキュリティーがかかっているんですよね。

齋藤　外国ではそこまでお金をかけてセキュリティーを高めていることって少なくて、むしろ ChromeBook みたいな機材でお金をかけないでやっていますし、高額なセキュリティーソフトを入れているわけでもなく、むしろ使いやすい環境が作られています。日本だけは特殊で、いろいろアクセスを禁止したり、YouTube さえも見られないといった状態で、プログラミング教育が始まり、時代が変わっていくのに、20年30年前の状態をそのまま保っているという、そういう問題が起きているんです。

桐生　ある教育機関でも、研修センターなのに、ある部屋に行くと大手のキャリアにも入れなくて、Wi-Fi もつながらなかったってことがありましたからね。

水落　それってさあ、かつて明治維新の時代にカメラという物が入ってきて、これを使うと魂が吸い取られるぞとか、電話というものができたら、電話線に荷物を縛り付ければ荷物が届くぞ、といったことを信じていたのと同じで、プログラミングやコンピュータのことをほとんど知ら

ないがゆえに、怖がって怖がって、絶対に危険がないようにするといった感じですよね。でもよくわかれば、こんなもの怖いものじゃないんだってなりますよね。幽霊だって出てきてしまえば怖くないじゃないですか。貞子だって、井戸の中から手が出た瞬間が怖いんだから。出てしまえば……、まあ、怖いけどね……。

一同 笑。

大島 わからない見たことないから触らないのか、わからない見たことないから触ってみるのか、その選択の違いですね。

桐生 そういった研修等を企画する行政の人たち自体がわかっていないという問題もあるからね……。

大島 小学校プログラミング教育の取組の状況について、各自治体の教育委員会等へアンケート調査[3]を行ったのですが、その中で、「プログラミング教育の実施に関する課題」として「そもそも、何から手を付けたらよいのかわからない。」の割合が41％だったんです。つまり、教育委員会自体がそのような状態なわけです。また、多忙化にも関わってくるんですけど、なかなかそこまで手が回っていないという状況もあると思います。

齋藤 最近、ある学校の先生にお会いしたら、前はとてもネットが使いやすい環境で、デジタル教科書で算数を教えていたっていうんですね。それでその後、異動があり、異動先でもデジタル教科書があったので使おうと思ったら、ネットが不安定だったり、テレビが使いづらかったりで、結局、使うのをあきらめたんだそうです。改善も要望したのですが、全然されなくて、でも、行政からは、できるだけそれを使いなさいって言われているといったお話をお聞きました。

水落 大リーグボール養成ギプス[4]をつけて、全力で走れーと言ってい

---

*3　文部科学省委託事業次世代の教育情報化推進事業『平成30年度教育委員会等における小学校プログラミング教育に関する取組状況等について』の調査、NTT ラーニングシステムズ株式会社、2019年3月。

*4　梶原一騎原作・川崎のぼる作画による野球漫画『巨人の星』に出てくる主人公星飛雄馬に速球を鍛えるために着用させた強力なギプス。

るようなものですね。

桐生　私が関わっている市では、プログラミング教育に取り組むために、研修センターを作りました。そこの人たちが、各学校の要請に従って出かけ、その人たちをハブにして、市中の学校の先生がネットワークでつながっているという行政システムです。市長の肝いりでやっていますので、一気に動けるんですよ。今の話で言うと、市町村の格差が如実に出ようとしていますね。

水落　各自治体にＩＣＴのことをよくわかっている人がいるかということと、どこからどこまでが安全で、どういうことが危険かということがわかっていて、責任がとれるリーダーがいるかどうかですね。

桐生　市町村だったら、市長、村長や教育長、そういう人の決断力にかかっています。

水落　指導主事の先生方では、難しいですか？

齋藤　私も環境整備の大切さをよく、指導主事の方や校長先生に話すのですが、最後に返ってくる言葉は、「その話をされても、私にはどうにもできません。」です。そして、何も変わらない……。

水落　悲しい現実がそこにはあるんですね。

桐生　先ほどの教育センターに言っても、結局、そこ止まりになってしまう……。

水落　そういった状況に、この本が貢献できたらいいですね。じゃあ、この本は全国の教育長に贈ればいいってことで（笑）！

一同　笑。

桐生　教育長に贈れたら……ね。教育長の中には詳しい人もいますからね。あと、選挙で選ばれた議員さんたち、プラス「長」ですね。2023年度までに、子どもたちにコンピュータが1人1台配られますよね、それがいいきっかけだと思うなあ。

齋藤　私は、情報通信が発展すれば、都会と地方の差がどんどんなくなっていって、情報ネットワークの中で、地方もどんどん活性化する時代

が来ると思っていたのですが、今の現状を見ると、結局都市のほうが圧倒的に有利で、地方はせっかくの情報化社会をうまく利用できておらず、格差が広がっているということが残念だなと思っています。

水落　なんで、こうなっちゃたんでしょう?

桐生　それは、行政のトップの知見の狭さだろう……。

水落　本当にすごいトップの方々もいるんですけどね。

プログラミング教育の夢

水落　まだまだいろいろな困難さはありますが、プログラミング教育にはさまざまな可能性もありますから、将来こんなふうになってほしいという夢も語りたいと思います。

桐生　先生方のための講習会をいろいろなところでやってみましたが、みんな笑顔で課題を達成しようとするんですね。これは、どの会場でも同じ傾向なんです。新学習指導要領では、主体的・対話的・深い学びという3つがあるじゃないですか。でも、学習指導要領はこの3つを同時に行わなくてもいいという表現になっています。しかし、それまでの中央教育審議会の話し合いの中では、この3つはある意味でセットだったわけです。そこで、先生方に「プログラミング教育は主体的な学びでしょうか。対話的な学びでしょうか。深い学びでしょうか。それとも3つを合わせた学びでしょうか」と問うと、先生方は「3つを合わせた学びであった」と答えるんです。つまり、3つを体験することで、実はバラバラで考えるのではなくて、一気にできるんだということを、先生方は実感するんです。プログラミング教育研修の一番の学びがこれなんです。ということは、先生方がプログラミング教育の実践を本当にやろうとした時に、楽しい授業をしようと考えることが一番大事なんじゃないですかって、私は最後の落ちとして話しているのですが、アクティブ・ラーニングとかいろいろと言われてきましたが、本気で「楽しい!」っ

てことを前提とした授業が各教科でもできるように、そのためにもコンピュータ教育の授業って本当に大事なんだと感じています。

水落　楽しい授業を切り開いてくれる可能性があると。

桐生　今までの一斉指導とか、アクティブ・ラーニングとかいろいろとありますけれど、新たな授業スタイルを創造する可能性を秘めていると思うんですよね。でも、今は理科の「電気の流れ」でとか、やけにそこに引っ張られて、本来のコンピュータ教育の楽しさがちょっと失われている。そこをきちんとクリアできるようになれば、子どもたちは楽しく、しかも身につく授業がいろいろなところでできるんじゃないかなあって。

水落　なんでプログラミング教育だと、そういう可能性になるんだろう。国語や算数ではなくて、ましてや今までの情報教育でも難しかったのに。どうして、プログラミング教育だったら可能性が開かれるんですか？

桐生　1つは、間違えても苦しくない。

水落　ああ、プログラミングは、何回でもやれますからね。むしろ、試行錯誤が楽しい。

大島　同じことを考えていました。今までは、いかに正解に、ショートカットしてたどり着くか、正しい道を選んでいくかという教育が明治以降ずっとされてきたのだけれども、このプログラミング教育は、その逆ですよね。いかに試行錯誤するのか、そこが大事なんだよということを言っていますので、今までの教育観、授業観を180°転換するようなものになっています。ですから、プログラミング教育の導入は、僕たちが明治時代からやってきた授業・学校観を見直す機会なんじゃないかなと思います。

水落　すると当然、先生が知っていることを教えるといった授業とは違う授業になりますね。

桐生　ということは、先生が知らなくてもいいと言っているんですよ。

齋藤　今までの授業の中では、ちょっと置いてけぼりの子とか、目立たない子とかが、試行錯誤して作り上げていく学習になることで、ヒーローになったりとかすることもあるんじゃないかと、そういう子たちの居場所を見つけられる可能性もあるんじゃないかと、期待もしていますね。

水落　聞いていると、プログラミング教育は夢が広がりますね。

桐生　夢だらけですよ。

水落　『学び合い』を始めた時に、今、齋藤さんが言ったような、すみっこでお客さん状態だった子がヒーローになったり活躍したりってことがありましたけれど、プログラミング教育も当然そうなっていくということですね。『学び合い』とも相性がいいと。

桐生　わからないから対話も生まれますしね。「深い学び」なんて、プログラムはゼロからスタートしていくわけですから、どんどん深くなるしかない（笑）。間違えても、だれが怒るわけでもないので、みんな笑顔になって、もっとやりたいってなる。それに、プログラミングって答えが１つじゃないですからね。動作は１つなんだけど、プログラムはいろいろと考えられますから。

水落　じゃあ、最初のほうで、文化祭に作品を展示するって、つい今までの発想で言っちゃいましたが、それだとなんだかみんなで同じ作品を作るようになってしまいますよね。中学校で机とか本棚とか椅子とか作ったじゃないですか、技術の時間に……あれです。それをプログラミング教育でもやったら、元も子もないつまらないものになってしまいますよね。みんなと同じ動きをするロボットを作りましたって。みんなで同じコーディング*5をして……。でも、その試行錯誤をいかに行うかの部分を、もし発表の機会と結びつけていくのだとしたら、どう評価するんでしょうか？

＊5　コンピュータ等でプログラミング言語を使って、プログラムを作成すること。

桐生　教科に寄り添うという形で行いますので、教科のその時間のねらいはありますから、その評価であって、試行錯誤の評価ではないわけです。

水落　ただし、コンピテンシーベースの評価になるわけでしょう。そこに、舵を切っているわけですよね、今回の指導要領。全部がコンピテンシーばかりではないけれども、試行錯誤を重視するなら作品ができなくてもいざとなればいいわけですよね。

桐生　「育成すべき資質・能力三つの柱」の３つ目に、「学びに向かう力、人間性等」というのがあるじゃないですか。その部分が、特に試行錯誤のところじゃないでしょうか。でも、そこをどうやって評価するのかって、難しいですよね。でも、１つだけ言えるのは、プログラミングはどうやってやったかということが事実として残っているということはあるんですよね。

水落　本当だったら、A地点からB地点まで人形を動かさなきゃいけないのに、A地点を堂々巡りしている、試行錯誤で終わっちゃった子、この子をどう評価するんでしょうか。

桐生　そうならないためにも、アクティブ・ラーニングなんですよね。１人でやらせない。能力差が高いのは、もうわかりきっているじゃないですか。私がやるのは、タブレットを必ず２人か３人で１台にすること。すると、自然と共同作業になっていきます。

齋藤　プログラミング教育というのは、一般的なイメージで言うと、どうも子ども対コンピュータが１対１になって、黙々とプログラミングをするイメージがあるじゃないですか。でも、それだったら深い学びにも結びつかないですし、プログラムができた時点で満足してしまうだけで、さらなる発展性も全然期待できないわけですよ。ですから、プログラムする時間は確保しつつ、むしろそれ以外の部分、例えば、子どもたち同士をどう関わらせるかといった部分、今までの授業でも大切にしてきた部分と変わらないと思いますが、そこの部分を１時間１時間の中で

考えていくことが教師の役割になるんだと思います。

水落　文化祭で作品を発表するという発想自体がだめだったですね……、つまらなくしてしまう。

桐生　すると、この話の前提が、だめだったということになりますが……。

一同　笑。

齋藤　評価の気づきなんて、いくらでもあると思います。正三角形のプログラムでも、３回同じ命令を書くよりは、繰り返し命令を使ったほうが、簡単でより発展性のあるプログラムになるとか、一瞬で三角形が書けてしまうところを、わざと遅らせて、書いていく様子がわかるようにするとか、そういったプログラムをよりよいものにしていくというところにも、価値はあるかなと思います。

水落　そうすると、みんながたどり着けそうな、例えばＡ、Ｂ、Ｃと評価があって、みんなＢまでは行って基本の部分はできると。でもＢからＡに行く部分は青天井で、工夫があるような課題設定にしていくと、よりこのプログラミングには馴染みやすいということでしょうか。

桐生　そうですね。ゴールを設定して、そのゴールに向かう過程がどういうことになるかだから、ゴールを越えて次に行ってもいいわけです。

水落　なおさらそこで、この過程の部分をしっかり評価する、形成的な評価がしっかりできて、「先生は、そこをよく見ていましたよ」と、フィードバックができるか、この辺が鍵になってきますね。

桐生　そうなっていくと、教師本来の力量である子どもを見取る力になっていくだけだから、コンピュータができる力ではないですよね……。

大島　コンピュータのことって、教師よりも実は子どものほうがよくわかっているってことがあるんじゃないですか。プログラミングを組める教師なんて一部しかいないわけですし、教師にとってあきらめがつきやすいと言いますか……。子どもに頼ったほうが早いといった時に、授業観が変わり、授業デザインも変わってくる。そして、子どもをいかに活

躍させるかといったことが、必然的に起きてくるんじゃないかなと思うんです。また、従来の教科学習よりも、わからないということが恥ずかしくないと言いますか、できる子はすごく賞賛を浴びますが、でも一方で、できないことも恥ずかしくないので、気軽に「教えて」って学び合うような学習環境が生まれてくるんじゃないでしょうか。プログラミング教育が授業観や授業デザインを変えていく1つのきっかけになると思います。

桐生　強制的に変えさせられると思います。コンピュータの前に座っているだけでは無理なので、他の人のところに行かないとしょうがない。立ち歩きが必然的に起こる。『学び合い』だから起こるんじゃなくて。

水落　だって、半分遊びに見えるもんね、この時間って。

桐生　半分遊びじゃなくて、遊びだ！

一同　笑。

大島　先生もよくわからないから、立ち歩いて、「教えて！　ぜひお願いします!!」ってなります。

齋藤　いろいろなところに、「先生」が登場するわけですね。

水落　プログラミング教育で、本当の『学び合い』が始まるのですね。

桐生　先生の授業観を変える、いいきっかけづくりだと思うんですよね。

水落　座談会としては、見事なハッピーエンドを迎えたんじゃないでしょうか。この度は、ありがとうございました！

コラム ⑦ やりたい時にすぐできる遠隔会議＆授業 ～Zoom～

こんな環境、方法、ツールを必要としている！

　２つの事例を考えてみます。１つは授業場面。社会科と総合的な学習の時間を組み合わせて、北国に住むわたしたちと南国に住む学校とを結びつけて互いの文化を紹介し合い、互いの良さを知るとともに郷土の良さを実感するということを目的に活動を進めようと考えました。インターネットを用いてメールや互いのホームページ、SNS を使った交流をしてきました。お互いのことを知れば知るほど実際に会って話したくなります。しかし、距離が離れすぎていて実際に会うことは難しい環境です。２つはある日に複数人のゲストティーチャーを招いて授業を行うことにしました。当日、４人の方が関わってくださるのですが、移動の距離と時間のことを考えるとなかなか全員が学校など１ヵ所に集まることができません。だからといって、Slack などのチャットツールではなく実際に会話でやりとりをしないとうまく確認できない状況です。そんな時はぜひ「Zoom」を使ってみましょう。

アプリ、ソフトの紹介

　「Zoom とは、いつでも、どこでも、どんな端末からでも Web 会議を

実現するクラウドサービスで、簡単に言えば、複数人での同時参加が可能な「ビデオ・Web 会議アプリケーション」です」[1]と説明されています。PC、スマートフォン、タブレット等、一般的に普及している ICT 機器であればインターネット環境

---

[1] 「3分で分かる Zoom とは？知らないと損する Web 会議ツール　Zoom ×日商エレクトロニクス」https://zoom.nissho-ele.co.jp/blog/practice/zoom-meeting.html

が整ってさえいれば Zoom のサービス、アプリが使えます。有料版と無料版があります。無料版の場合、１対１であれば無制限の時間使えますが、複数の端末で接続する場合40分という時間制限があります。

なぜこのアプリ、ソフトを使うのか

　一昔前、遠隔地でのテレビ会議といえば大げさな機材とお金をかけた環境が必要でした。それでも当日つながらない等の失敗が多発したことを目の当たりにしました。しかし、この Zoom を使うことで一般的なインターネット環境さえ整っていれば、ほぼ失敗なしでテレビ会議（正確には Web 会議）が簡単に実現できます。もちろん、実際に授業等を行う時には事前の接続実験等が必要になるでしょうが、その時もあまりの簡単さに初めての方はびっくりすることでしょう。前頁の画像は、教育イベントで南アフリカの日本人学校にいる方とやりとした時の記念写真です。下の画像は書籍の共同執筆者たちの打ち合わせの様子です。どちらも実際に顔を見て、声を聴くことですんなりと話題が進みました。Zoom は録音機能やテキストに書いたことを共有できる機能、自分のパソコンで用意したプレゼンテーション画面を相手に見せることができる機能など、顔を見ながら会話をする以外の機能も豊富です。まずは気軽に使ってみることをおすすめします。最初の２つの事例は Zoom を使えば、今すぐに始められます。他にも「転校してしまった友達との会話」「事情があって学校に登校できない友達との会話」など工夫次第でいろいろと活用できることでしょう。

代替アプリ、ソフト、サービス

　Skype、Google Meet。Skype はビデオ会議ツールの老舗ですが、安定した通話ができないとか接続手続きが面倒という声を聞きます。Google Meet は、Google の新しいサービスです。新しいということで安定性にまだ不安が残ります。　　　　　　　　　　　　（阿部隆幸）

おわりに

15年ほど前に、LOGO というテキスト型プログラミング言語を使い、算数の正多角形の作図の授業をしたことを思い出します。プログラミング言語を覚えるところから始まりました。本時では、多角形を進めるとやがて円に近づく場面を先生方に見てもらいました。ある先生から、

「パソコンを使って役立つと思えた、初めての授業でした！」

といううれしい感想をいただきました。

でも、私自身は、教科書で扱っていないプログラミングを使った授業の価値を考えることもなく、これ以上研究を続けなかったことを、今振り返ると残念に思います。

しかし、時を経て、プログラミング教育が、ついに、そして大手を振って全国で始まります。当時に比べて、プログラミング言語も直感的に操作できるビジュアルプログラミング言語になり、誰もが簡単に学べる環境になりました。

プログラミング学習の講習会を開くと、初め不安そうにしている先生方が最後にはみんな笑顔になります。

「こんなに楽しかった講習会は初めてです。」

と、いろいろな先生方が感想を述べてくれます。教師が楽しいというのですから、子どもたちが熱中しないわけはありません。1時間の授業ずっと集中して取り組み、さらに追求したいという子どもたちがそこにいます。

プログラミング教育は、今までの学習とは違う面もあります。たくさん間違え、試行錯誤をすることを重視しています。教師が知識や技能を教えるのではなく、子どもが主体となって見つけたことをみんなに伝え、広めていくことが大切です。

もちろん、プログラミング学習を実施していくまでには、さまざまな問題もありますが、それを乗り越えるだけの価値があるものです。プログラミング教育が充実していくことで、子どもたちには「プログラミング的思

考」を始めとする資質・能力を高めることが期待できますし、教師には自ら授業改善をしていく指針にもなるのではないかと思っています。ICTを使ったプログラミング学習は、『学び合い』にぴったりの学習です。

　2019年末、ビックニュースが舞い降りました。ついに、小中学校の児童・生徒1人に1台、コンピュータを配備する「GIGA スクール構想」が打ち出されたというものです。今まで ICT を進める上で問題になっていたコンピュータの不足やネット回線の遅さ、Wi-Fi 環境の未整備も、改善されるはずです。そして、今まで以上に教育現場の ICT 活用は、待ったなしで進めなければなりません。

　水落先生が長い間研究テーマとしている『学び合い』の本の中で、これから始まるプログラミング教育を紹介できたことが夢のようです。水落先生のすばらしい理論と実践の中に、私のつたない知識や経験を記述したことは不安もたくさんありますが、私自身、これから始まるプログラミング教育への希望をさらに大きくすることができました。

　また、水落先生、桐生先生、大島先生と私の4人の座談会は、会話も弾み、新しい教育の明るい未来を予感できました。きっと、プログラミング学習を学んでいこう・プログラミング学習を広めようとしている先生方に対して、励ましの言葉になるにちがいありません。

　出版にあたり、学事出版の加藤愛さんには、より読みやすいようにイラストや企画を考えていただきました。本を執筆していくことに関して、素人の私たちに示唆に富んだ助言をいただき感謝しています。

　本書は、ICT の利用やプログラミング教育を進める上で『学び合い』を展開していくことの考え方やコツ、具体例を示したものです。ICT 機器は、金属やプラスチックの冷たい塊です。しかし、この機器を利用することで、より子どもたち同士の関わりが深まり、来る AI の時代を生き抜く力を育てることに役立つことができればと願っています。

令和2年4月　齋藤　博

〔編著者紹介〕
水落芳明（みずおち・よしあき）
1964年群馬県生まれ。上越教育大学教職大学院教授。中央教育審議会専門委員（初等中等教育分科会）。中学校6年、小学校14年の教師生活を経て現職。学校現場に役立つ教育研究をめざし、理論と実践の往還によって、幸せな先生が幸せな子どもたちを育てることを夢見ている。著書に『成功する『学び合い』はここが違う！』『だから、この『学び合い』は成功する！』（以上、学事出版）等がある。

齋藤　博（さいとう・ひろし）
1961年青森県生まれ。ユーレカ工房代表。太陽誘電（株）で電子部品の研究開発に従事し、その後小学校教員へ。24年の教職の間にICTの効果的な活用方法を探り、新潟市小学校教育研究協議会の情報教育部長などを歴任し、ICTの普及へ尽力した。2020年4月に、「優良な教材を子どもたちへ」のフレーズのもと、ユーレカ工房を立ち上げ、プログラミング教材の開発を中心に行っている。開発職と教員の経験を生かし、現場で必要とされる実用性の高い製品開発を目指している。
【ユーレカ工房】http://eureka.niigata.jp
【メール】saito@eureka.niigata.jp

〔著者紹介（執筆順）〕＊執筆当時
榊原範久（上越教育大学教職大学院准教授）
荒井千尋（長野県上田市立川辺小学校教諭）
古屋達朗（山梨大学教育学部附属小学校教諭）
阿部隆幸（上越教育大学教職大学院教授）
八代一浩（山梨県立大学国際政策学部教授）
水越一貴（株式会社デジタルアライアンス）
高橋弘毅（長岡技術科学大学大学院工学研究科准教授）
大前佑斗（日本大学生産工学部助教）
大島崇行（上越教育大学教職大学院准教授）
桐生　徹（上越教育大学教職大学院教授）

これで、ICT活用・プログラミング×『学び合い』は成功する！

2020年6月19日　初版第1刷発行

編著者──水落芳明・齋藤　博

発行者──花岡萬之

発行所──学事出版株式会社
　　　　　〒101-0021　東京都千代田区外神田2-2-3
　　　　　電話03-3255-5471　http://www.gakuji.co.jp

編集担当　加藤　愛　装丁　岡崎健二　イラスト　海瀬祥子
印刷製本　精文堂印刷株式会社

ISBN978-4-7619-2640-3　C3037